古典文獻研究輯刊

二七編

潘美月・杜潔祥 主編

第 4 冊

明代書目研究（下）

孫 蘊 著

國家圖書館出版品預行編目資料

明代書目研究（下）／孫蘊 著 — 初版 — 新北市：花木蘭文
化事業有限公司，2018〔民107〕
目 8+168 面；19×26 公分
（古典文獻研究輯刊 二七編；第 4 冊）
ISBN 978-986-485-562-9（精裝）
1. 目錄學 2. 明代
011.08　　　　　　　　　　　　　　　107012239

ISBN-978-986-485-562-9

9 789864 855629

古典文獻研究輯刊
二七編　第 四 冊　　　　　　ISBN：978-986-485-562-9

明代書目研究（下）

作　　者	孫蘊
主　　編	潘美月　杜潔祥
總 編 輯	杜潔祥
副總編輯	楊嘉樂
編　　輯	許郁翎、王筑　美術編輯　陳逸婷
出　　版	花木蘭文化事業有限公司
發 行 人	高小娟
聯絡地址	235 新北市中和區中安街七二號十三樓
	電話：02-2923-1455／傳真：02-2923-1452
網　　址	http://www.huamulan.tw 信箱 hml810518@gmail.com
印　　刷	普羅文化出版廣告事業
初　　版	2018 年 9 月
全書字數	397174 字
定　　價	二七編 24 冊（精裝）新台幣 46,000 元

明代書目研究（下）

孫蘊　著

第六章　明代的特種書目

　　本文所稱的特種目錄同於專科目錄之處在於其所收錄者亦爲單一性質的書籍。而兩者的不同之處在於特種目錄的收錄依據並非書籍的經、史、子、集等學術屬性，而是書目自身具有的目的性。如刻書目錄、引書目錄、著述目錄、辨僞目錄等。同時，學者爲書籍所作的序跋題記等亦是與書目密切相關的內容。序跋題記有隨書刊刻的，也有單獨纂輯成書的。無論哪種行世方式，皆可以更好地幫助讀者瞭解書籍，也是序跋作者學術思想的重要反映，於一定程度上起到了書目解題的作用。

　　基於此，本文於本章之內設「刻書目錄」、「引書目錄」、「辨僞目錄」、「地方著述目錄」並明代人的序跋題記五節，對明代的特種目錄編纂情況略加討論。此外，本文擬於第七章「個人著述的歸置」部分對楊慎及朱謀㙔的個人著述目錄情況及相關問題略作論述，故而不於本章之內對明代的個人著述目錄做專門討論。

第一節　刻書目錄

　　明代自內府至個人皆多行刻梓事。「數十年讀書人，能中一榜，必有一部刻稿。屠沽小兒，身衣保暖，歿時必有一篇墓誌」〔註1〕。雕版印刷術的成熟、造紙業的發達、復古運動的興起、著述的增加、科舉的需求等皆是刻書風氣空前盛行的直接原因。

〔註 1〕 葉德輝：《書林清話》卷七《明時刻書工價之廉》，上海：上海古籍出版社，
　　　　2008 年。

現今存世的明代刻書目錄有嘉靖間周弘祖所撰的《古今書刻》，是統計明代刻書盛況的綜合性書目。其以地域爲著錄單位，兼記書籍、石刻的體例是古代書目編纂史上的創新。又有《內板經書紀略》，爲內府經廠刻書目。又有《南雍志・經籍考》、《明太學經籍志》二種，爲南、北監刻書目錄。又有以毛晉《汲古閣校刻書目》爲代表的家刻書目，以（建陽）《典籍》、《書坊書目》爲代表的坊肆刻書目錄等。以上種種，形成了自中央到地方、自官刻至私刻的立體化刻書系統，是對明代刻書業盛況的直接體現。

一、周弘祖《古今書刻》

（一）《古今書刻》的作者與版本

周弘祖，湖廣麻城人，嘉靖三十八年（1559）進士。除吉安退關，徵授御史，出督屯田、馬政，以諍諫聞，遷福建提學副使。大學士高拱掌吏部，惡之，謫爲安順判官。事蹟詳見《明史》〔註2〕。

《國史經籍志》、《千頃堂書目》、《絳雲樓書目》皆載錄《古今書刻》一書。《千頃堂書目》稱「周宏祖《古今書刻》二卷」〔註3〕，《國史經籍志》稱「《古今書刻目》四卷」〔註4〕，《絳雲樓書目》僅錄書名，稱《古今書刻》〔註5〕。

葉德輝《郎園讀書志》卷四有《古今書刻二卷》一則，述得書之由。今移錄如下：

> 《古今書刻》二卷，影寫明刻本。
>
> 此《古今書刻》上、下編，二卷，明人周弘祖所撰。《明史・藝文志》不載，我朝《四庫全書》亦未著錄，蓋其書不傳於中國久矣。日本島田翰君著有《古文舊書考》，自隋、唐卷子以及宋、元以後線裝書，考核異同，精博無匹。其書後附刻此編上卷，孤本僅存，頗以未得窺見全豹爲恨。白巖龍平君爲介紹，由彼國郵寄來湘，影寫一部，督手民仿雕之，行格、字體與原書無異。從此流播海內，如

〔註2〕 （清）張廷玉：《明史》卷二百十五《列傳第一百三》，北京：中華書局，1974年。

〔註3〕 按：（清）黃虞稷：《千頃堂書目》卷十，清文淵閣《四庫全書》本。

〔註4〕 （明）焦竑：《國史經籍志》卷三《史類》，明徐象橒刻本。

〔註5〕 按：（清）錢謙益：《絳雲樓書目》卷一，清嘉慶抄本。

獲分身術，如服返魂丹，遂使四百年來不傳之秘書，得以家藏人習。
此固島田君存古之巨功，抑亦白岩君傳古之素志。余雖與島田未獲
謀面，縞紵論交，而蓬瀛方丈間，固時時令人神往也。

（先）【光】緒三十有二年丙午歲閏四月小盡日，麗廔主人葉德
輝識於長沙洪家井寓宅之觀古堂。〔註6〕

《古今書刻》傳本甚少，《明史‧藝文志》不載，《四庫全書》及《存目》
亦未收錄。其存世版本有：

（1）明刻藍印本。2卷。傅斯年圖書館。筆者未見該本，陳清慧《〈古今書刻〉
　　版本考》一文稱其為「半頁九行，行字不等，白口，四周雙邊，書無序
　　跋，卷端下題『古黃周弘祖輯錄，即墨黃嘉善校梓』」〔註7〕，認為該本
　　或為明黃嘉善校刻本，國立北平圖書館藏民國十二年（1923）本即為該
　　本的照相複製本。

（2）明刻本。2卷，2冊。上海。

（3）清抄本。2卷。上海。

（4）1905年日本東京民友社鉛印本。附錄於島田翰《古文舊書考》一書之後。

（5）清光緒三十二年（1906）長沙葉氏影刻明刊本。2卷。《觀古堂書目叢刊》、
　　《觀古堂所刊書》、《麗廔叢書》、《郋園先生全書》、《叢書集成續編》、《中
　　國歷代書目題跋叢書》予以收錄。

此外，陳清慧《〈古今書刻〉版本考》一文對該書的版本流傳做了較為詳
細的考辨，可資參考。

（二）《古今書刻》的編纂體例

本文以1906年葉氏影刻明刊本為對象展開討論。該本的底本借自日本島
田翰，「書式行格，一無所迻，則此等處（按：指宋本誤字之處）當並存其真」
〔註8〕。前有光緒三十二年（1906）葉德輝《重刊〈古今書刻〉序》，介紹了
周弘祖的生平、《古今書刻》的編撰體例及葉氏校刻該書始末故事，又羅列原
書誤字，以為讀者參考。

〔註6〕葉德輝：《古今書刻》識語，《湖湘文庫‧湖南近現代藏書家題跋選》第1冊，
　　　第193頁。
〔註7〕陳清慧：《〈古今書刻〉版本考》，《文獻》季刊，2007年10月，第162頁。
〔註8〕葉德輝：《重刊〈古今書刻〉序》，《百川書志‧古今書刻》，第320頁，上海：
　　　上海古籍出版社，2006年。

　　《古今書刻》分爲上、下二編。上編載各省所刊書籍 26 類 2489 種，下編錄各直省所存石刻 15 類 920 種。

　　上編著錄書名，間記刊刻年代、作者姓名、籍貫、生平、刊刻地點、版本、出處等信息。其體例爲：

　　　《古今書刻》上編

　　南直隸・蘇州府

　　　《鳳山八詠》。毛維瞻、蘇轍等詠。

下編著錄石刻名，間記石刻的作者、年代、內容、形貌、位置、數量、字體、評價、執筆人及對石刻的評價、發現與保存情況、卷次結構、碑名由來、附錄、合併著錄等情況。其體例爲：

　　　《古今書刻》下編

　　北直隸・國子監

　　　《石經文碑》。刻《春秋》、《禮記》，今磨滅不完。

　　《古今書刻》的類目設置及各類著錄數量詳見下表：

上下編	部　類	三級類目	四級類目	總　計
上編	內府 83			26 類 2489 種
	禮部 5			
	兵部 4			
	工部 1			
	都察院 33			
	國子監 41			
	欽天監 1			
	太醫院 3			
	隆福寺 2			
	南京國子監 273	經書 55		
		子書 20		
		史書 48		
		詩文集 37		
		雜書 91		
		本朝書 13		
		法帖 9		

上下編	部　類	三級類目	四級類目	總　計
	南京提學察 1			
	北直隸 74	順天府 8		
		保定府 13		
		眞定府 11		
		永平府 3		
		河間府 9		
		大名府 14		
		廣平府 13		
		順德府 3		
	南直隸 460	應天府 9		
		蘇州府 177		
		松江府 25		
		常州府 45		
		鎭江府 11		
		徽州府 3		
		池州府 3		
		寧國府 14		
		太平府 7		
		淮安府 25		
		揚州府 76		
		廬州府 15		
		鳳陽府 6		
		安慶府 4		
		廣德府 6		
		滁州 1		
		徐州 3		
		和州 2		
	浙江 169	布政司 8		
		按察司 6		
		杭州府 30		
		嘉興府 20		

上下編	部　類	三級類目	四級類目	總　計
		湖州府 4		
		寧波府 24		
		紹興府 15		
		台州府 7		
		金華府 23		
		衢州府 4		
		嚴州府 8		
		溫州府 5		
		處州府 15		
	江西 327	布政司 21		
		按察司 16		
		南昌府 23		
		弋陽王府 57		
		饒州府 7		
		淮府 2		
		廣府 13		
		吉安府 46		
		建昌府 20		
		益府 1		
		撫州府 11		
		袁州府 16		
		臨江府 40		
		贛州府 18		
		瑞州府 20		
		九江府 4		
		南康府 8		
		南安府 4		
	福建 479	布政司 18		
		按察司 10		
		五經書院 5		
		鹽運司 3		

上下編	部　類	三級類目	四級類目	總　計
		福州府 16		
		福州府學 13		
		興化府 2		
		漳州府 6		
		泉州府 5		
		延平府 4		
		建寧府 17		
		書坊 272	四書類 13	
			五經類 58	
			制書類 13	
			理學類 13	
			史書類 35	
			雜書類 63	
			刑名類 9	
			兵戎類 8	
			詩文類 60	
			醫卜星相堪輿玄修等類 95	
		邵武府 5		
		汀州府 6		
		福寧府 2		
	湖廣 100	布政司 7		
		按察司 17		
		武昌府 4		
		楚府 12		
		漢陽府 9		
		黃州府 4		
		德安府 6		
		岳州府 2		
		承天府 5		
		襄陽府 4		

上下編	部　類	三級類目	四級類目	總　計
		永州府 1		
		衡州府 5		
		寶慶府 2		
		長沙府 5		
		吉府 1		
		荊州府 2		
		遼府 11		
		常德府 2		
		郴州 1		
	河南 58	布政司 21		
		按察司 3		
		汝寧府 11		
		衛輝府 1		
		汝府 1		
		懷慶府 2		
		彰德府 6		
		趙府 3		
		河南府 10		
	山東 52	布政司 20		
		按察司 6		
		濟南府 1		
		德府 6		
		東昌府 3		
		兗州府 4		
		魯府 4		
		登州府 2		
		青州府 3		
		遼東 3		
	山西 41	布政司 21		
		按察司 3		
		太原府 2		

上下編	部　類	三級類目	四級類目	總　計
		平陽府 9		
		潞安府 1		
		大同府 1		
		代府 2		
		河東運司 2		
	陝西 109	布政司 35		
		西安府 21		
		秦府 1		
		鳳翔府 7		
		漢中府 9		
		平涼府 3		
		韓府 1		
		臨洮府 3		
		慶陽府 4		
		寧夏 1		
		慶府 13		
		鞏昌府 8		
		延安府 3		
	四川 68	布政司 13		
		按察司 3		
		成都府 3		
		蜀府 28		
		順慶府 1		
		保寧府 1		
		重慶府 6		
		敘州府 7		
		嘉定府 2		
		瀘州 1		
		眉州 1		
		邛州 1		
		雅州 1		

上下編	部　類	三級類目	四級類目	總　計
	廣東 46	布政司 13		
		按察司 2		
		廣州府 12		
		南雄府 1		
		廉州府 2		
		惠州府 2		
		肇慶府 1		
		雷州府 1		
		潮州府 7		
		韶州府 2		
		瓊州府 3		
	廣西 9	布政司 2		
		按察司 3		
		桂林府 2		
		南寧府 2		
	雲南 42	布政司 25		
		按察司 6		
		雲南府 5		
		臨安府 4		
		大理府 2		
	貴州 8	布政司 7		
		思南府 1		
下編	北直隸 65	國子監 11		15 類 920 種
		順天府 17		
		保定府 4		
		河間府 2		
		眞定府 20		
		順德府 2		
		大名府 3		
		廣平府 6		
	南直隸 118	應天府 15		

上下編	部　　類	三級類目	四級類目	總　　計
		鳳陽府 10		
		蘇州府 12		
		松江府 3		
		常州府 8		
		鎮江府 6		
		揚州府 3		
		淮安府 4		
		廬州府 7		
		安慶府 5		
		太平府 8		
		寧國府 4		
		池州府 4		
		廣德府 4		
		和州 2		
		徐州 7		
		滁州 14		
	浙江 67	杭州府 7		
		嘉興府 4		
		湖州府 8		
		嚴州府 3		
		金華府 2		
		衢州府 3		
		處州府 10		
		紹興府 7		
		寧波府 9		
		台州府 7		
		溫州府 7		
	江西 53	南昌府 10		
		饒州府 5		
		廣信府 2		
		南康府 7		

上下編	部　類	三級類目	四級類目	總　計
		九江府 7		
		建昌府 2		
		撫州府 2		
		臨江府 2		
		吉安府 7		
		瑞州府 2		
		袁州府 5		
		南安府 2		
	湖廣 78	武昌府 9		
		漢陽府 3		
		黃州府 6		
		德安府 3		
		承天府 3		
		襄陽府 8		
		荊州府 5		
		岳州府 2		
		長沙府 10		
		寶慶府 2		
		衢州府 5		
		常德府 2		
		長州府 2		
		永州府 7		
		靖州 2		
		郴州 9		
	福建 36	福州府 6		
		興化府 3		
		泉州府 5		
		延平府 2		
		建寧府 18		
		汀州府 2		
	河南 92	開封府 17		
		彰德府 6		
		衛輝府 6		

上下編	部　類	三級類目	四級類目	總　計
		懷慶府 6		
		河南府 13		
		南陽府 18		
		汝寧府 5		
		歸德府 21		
	山東 78	濟南府 12		
		兗州府 40		
		東昌府 6		
		青州府 10		
		登州府 2		
		萊州府 8		
	陝西 124	西安府 44		
		鳳翔府 7		
		漢中府 9		
		平涼府 5		
		鞏昌府 6		
		慶陽府 8		
		延安府 45		
	山西 50	太原府 14		
		平陽府 13		
		大同府 6		
		潞安府 2		
		汾州 7		
		遼州 8		
	四川 84	成都府 12		
		保寧府 10		
		順慶府 10		
		敘州府 5		

上下編	部　　類	三級類目	四級類目	總　　計
		重慶府 4		
		夔州府 5		
		馬湖府 2		
		潼川府 2		
		眉州 9		
		嘉定州 6		
		瀘州 3		
		雅州 5		
		播州宣慰司 9		
	廣東 36	廣州府 3		
		韶州府 9		
		南雄府 2		
		惠州府 2		
		潮州府 4		
		肇慶府 6		
		廉州府 2		
		雷州府 2		
		瓊州府 6		
	廣西 23	桂林府 8		
		柳州府 4		
		梧州府 6		
		潯州府 2		
		南寧府 3		
	雲南 15	雲南府 6		
		曲靖軍民府 6		
		北勝州 2		
		金齒使司 1		
	貴州 1			

（三）《古今書刻》的特色

1.《古今書刻》的分類特色

《古今書刻》將書籍與石刻分別設類著錄，是爲一級類目；又於二類之下依地域及行政機構、府第等分類著錄（按：「南京國子監」下依書籍性質分類），是爲二、三級類目；其「上編・福建・書坊」類下又依書籍性質分四級類目，是對多種設類依據的綜合利用。《古今書刻》將石刻與書籍並列的設類方法於書目編纂史上較爲罕見，使其兼具了書籍目與金石目兩種屬性；而其依地域設類的著錄體例則有方志的痕跡，凸顯的是書目的統計性；「上編・福建・書坊」之下又依書籍性質設類著錄的做法更是較爲直觀地反映了明代福建書坊刻書的盛況，具有版本學史料的意義。

2.《古今書刻》的著錄特點

《古今書刻》在著錄各省刊書時，將各藩府刊書單獨設類著錄，較爲完整地保存了明代藩府刻書的原始面貌，成爲陳清慧《明代藩府刻書研究》等研究藩府刻書著作的重要史料來源。其中，南直隸有寧國府（14種）；江西有弋陽王府（57種），淮府（2種），廣府（13種），益府（1種）；湖廣有楚府（12種），吉府（1種），遼府（11種）；河南有汝府（1種），趙府（3種）；山東有德府（6種），魯府（4種）；山西有代府（2種）；陝西有秦府（1種），韓府（1種），慶府（13種）；四川有蜀府（28種）。張秀民《中國印刷史》稱《古今書刻》葉氏刻本列舉有15王府刊書142種，「另一版本（按：指黃氏本）又有周、崇、衡、山陰王府等共19府，171種」〔註9〕。明代藩府多行刻書事，是明代書籍史的特色之一。藩府本多爲珍密善本，且校刻精良，價值較高，是明代版刻的重要組成部分。本文於第七章「藩府類的設立」部分對明代的藩府本略作探討，可與此處對照參考。

藩府之外，《古今書刻》對福建五經書院刻書、福州府學刻書、福建書坊刻書等皆單獨設類，皆是對其原始面貌較爲完整的保存，方便後世檢索查考。

《古今書刻》的著錄反映了明代理學的繁盛。該書「上編・南直隸・太平府」有《近思錄》，「揚州府」有《上蔡語錄》、《甘泉全集》、《陽明文錄》、《象山語錄》；「浙江・杭州府」有《程氏遺書》、《伊洛淵源》、《近思錄》；「寧

〔註9〕張秀民：《中國印刷史》上《插圖珍藏增訂版》，第291頁。上海：上海人民出版社，1989年。

波府」有《明王學類編》等。「福建・書坊」類下更是專門設有「理學」一類，著錄《性理大全》、《性理萃言》等理學書籍 13 種。

因為該書是以行政區劃為單位歸類，各地書籍多有重複，故著錄上亦多有一書多處著錄的情況。如上編「南直隸・蘇州府」、「南直隸・揚州府」與「浙江・嘉興府」皆有《意林》，「南直隸・常州府」、「南直隸・蘇州府」皆有《百川學海》，「南直隸・揚州府」、「南直隸・蘇州府」皆有《劉向說苑》等等。

《古今書刻》的著錄較為簡單。多僅記書名、碑名，不做解題，有登記性書目的意味，偏重的是史料記載而非義理討論。

（四）《古今書刻》的價值

《古今書刻》首先是一部重要的史料著作，其中保存了明代各地的刻書、明代及其之前歷代的石刻概貌，具有集大成的文獻意義。而其對方孝孺《遜志齋集》等明代禁書的著錄，則從側面反映出了當時的禁書政策已經鬆懈這一史實。

學界在論述明代出版史時，往往稱引袁棟《書隱叢說》之語，稱「官書之風至明極盛，內而南北兩京，外而道學兩署，無不盛行雕造」〔註 10〕。則知明代南北兩監、各部院、各省司等，皆有雕造書籍事。都察院刻書向來罕見，《古今書刻》著錄 33 種，為數不少。其中更有部分秘本，如都察院刻本《水滸傳》，是「小說史上有關這個版本的唯一記載」〔註 11〕，在小說出版史上具有重要的價值。

明代國子監刻經史，欽天監刻天文曆法，太醫院刻醫書，皆與職責相關。而都察院刻書自《史記》至《文選》，自《神奇秘譜》至《水滸傳》，又有棋譜如《爛柯經》、曆書如《七政曆》、曲韻書如《中原音韻》等，包羅萬象。李致忠認為這種現象產生的社會原因有二：一為刻書免稅多利，二為書籍暢銷可創收〔註 12〕。總歸是為牟利而刻。都察院刻書量多而質優，具有較強的市場競爭力。

〔註10〕 （清）袁棟：《書隱叢說》，孫毓修《中國雕版源流考》轉引，《萬有文庫》，北京：商務印書館，1918 年。

〔註11〕 《百川書志・古今書刻・出版說明》，《百川書志・古今書刻》，第 2 頁，上海：上海古籍出版社，2006 年。

〔註12〕 按：參見李致忠：《古籍版本知識 500 問》，第 126 頁，北京：北京圖書館出版社，2001 年。

　　《古今書刻》開創了以行政區劃爲設類依據的書目編纂體例。整部書目除上編「南京國子監」與「福建・書坊」下依書目性質各自分類外，基本是依照行政區劃歸類的。作爲一部專記書刻的目錄，這種設類方式可以最大限度地保證收錄的完整性以及所收內容的原始性，又便於統計檢索。因其以刊刻地爲收錄依據，對各省所刊書籍皆作如實記載，故而往往出現一書於多處重複著錄的情況，可據以考求書籍刻板源流，是版本學的重要史料來源。

　　此外，《古今書刻》上編「福建・書坊」類中，「四書類」僅著錄 13 種。這一現象是值得引起重視的。明初頒有《四書性理大全》，四書被納入科舉範圍，學術地位得到空前提高。正統間的《文淵閣書目》專設「四書類」，所收之書即多達 125 種。嘉靖間高儒《百川書志》收錄 27 種；王圻的《續文獻通考・經籍考》收錄 179 種。萬曆間祁承𤓰的《澹生堂藏書目錄》「理學類」著錄 140 餘種，數量皆甚爲可觀。作爲科舉應試的必備資料，四書類書籍當爲福建書坊刻書的一項重要內容。《古今書刻》金收錄的福建坊刻五經類有 58 種之多，而四書類僅 13 種。這種現象產生的原因如今或難以知曉，但這一現實的確實存在，或爲可爲學界研究書籍的出版史提供一些尚未被發現的信息，引發研究者的進一步考證。這種暫時無法破解的史料記載，也是《古今書刻》不容忽視的價值之一。

二、官刻目錄

（一）內府經廠刻書——以劉若愚《酌中志・內板經書紀略》為例

　　明代內府刻書的專門機構爲司禮監經廠。《明會典》載嘉靖間司禮監有刊字匠 315 人、刷印匠 134 人、黑墨匠 77 人，可見其刻印書籍規模之大〔註 13〕。內府刻書以典制、經史爲主，主要供內書房及內監研讀，兼具頒賜之用，故多闊板疏行大字本，紙墨皆精，後人將其與端硯、浙漆、吳紙等並贊爲天下第一〔註 14〕。周弘祖《古今書刻》有內府書類，記內府刻書 83 種。崇禎間內侍劉若愚撰有《酌中志》，卷十八爲《內板經書紀略》，爲著錄明代內府經廠刻書的專門目錄。

〔註 13〕按：參見《明會典》卷 189《工匠・二》。
〔註 14〕按：參見《袖中錦》，署太平老人，北京：中華書局，1985 年。

1.《酌中志‧內板經書紀略》的作者與版本

劉若愚，初名劉時敏，南直隸定遠人。萬曆二十九年（1601）被選入宮，天啓七年（1627）因李永貞案牽連入獄，崇禎元年（1628）於獄中開始撰寫《酌中志》爲自己昭雪，十三年後成書，卷十八爲《內板經書紀略》。

《國史經籍志》載「《內府經廠書目》二卷」〔註 15〕，《萬卷堂書目》載「《內府經廠書目》一卷」〔註 16〕，《續通志》載「《經廠書目》一卷。明內府刊」〔註 17〕，《續文獻通考》載「《經廠書目》一卷。不著撰人名氏」〔註 18〕，《絳雲樓書目》載「《經廠書目》」〔註 19〕，《千頃堂書目》載「《內府經廠書目》二卷」〔註 20〕，《明史》載「《內府經廠書目》二卷」〔註 21〕，《四庫全書總目》載「《經廠書目》一卷。編修汪如藻家藏本。明內府所刊書目也。黃虞稷《千頃堂書目》有此書，亦作一卷。經廠即內繙經廠，明世以宦官主之，書籍刊版皆貯於此。所列書一百十四部，凡冊數、頁數、紙幅多寡一一詳載。蓋即當時通行，則例好事者錄而傳之。然大抵皆習見之書，甚至《神童詩》、《百家姓》亦廁其中，殊爲猥雜。今印行之本尚有流傳，往往舛錯疑誤。後生蓋天祿、石渠之任而以寺人領之，此與唐魚朝恩判國子監何異？明政不綱，此亦一端。而當時未有論及之者。宜馮保刻私印，其文曰「內翰之章」也」〔註 22〕。

作爲唯一一部記載內府刻書情況的著作，《酌中志》傳出後即爲世人所重。謝國楨於《增訂晚明史籍考》稱，「若愚以內監而記當日宮闈之事，故於萬曆、天啓兩代，見聞頗詳……皆記有本原，可資考證。當時談明代宮禁掌故者，頗重其書，故傳抄本極夥。至展轉傳抄，或割裂而爲二書，或又更改爲他名者，往往而有」〔註 23〕，出現了今文本、古文本及節本等不同版本。

〔註 15〕 （明）焦竑：《國史經籍志》卷三《史類》，明徐象枟刻本。

〔註 16〕 （明）朱睦㮮：《萬卷堂書目》卷二，《觀古堂叢刊》本。

〔註 17〕 （清）嵇璜：《續通志》卷一百五十九《藝文略》，清文淵閣《四庫全書》本。

〔註 18〕 （清）嵇璜：《續文獻通考》卷一百七十二《經籍考》，清文淵閣《四庫全書》本。

〔註 19〕 （清）錢謙益：《絳雲樓書目》卷一，清嘉慶抄本。

〔註 20〕 （清）黃虞稷：《千頃堂書目》卷十，清文淵閣《四庫全書》本。

〔註 21〕 （清）萬斯同：《明史》卷一百三十四《志一百八》，清抄本。

〔註 22〕 （清）永瑢：《四庫全書總目》卷八十七《史部四十三》，清乾隆武英殿刻本。

〔註 23〕 王燦熾：《燕都古籍考》，第 163 頁，北京：京華出版社，1995 年。

　　明人史玄稱「(酌中志略)有兩本，今文古文隨門戶為升降，而上（崇禎帝）所覽則今文焉」〔註24〕，舒習龍《明末宮廷史事研究的力作——〈酌中志〉評介》一文稱「似乎可以根據今文經學和古文經學之差異推測古文版本可能是祖本，而今文版本可能是劉若愚有所顧慮而採取曲筆寫作的節本」〔註25〕。筆者亦認同這一觀點。此外，明末宦官呂毖從今文本中選取《內臣職掌紀略》、《大內規制輯略》、《內板經書紀略》、《內臣佩服紀略》、《飲食好尚紀略》五種合輯為一，稱《明宮史》，是亦為該書節本。

　　該書在清代可知的版本有五。其一名《遠志之苗》，汪琬藏，「蓋其稿本也」〔註26〕。其二名《酌中志略》，全祖望藏，「為劉若愚手寫本，其中途竄頗多，與近本間有不同」〔註27〕。其三為道光九年（1829）《正覺樓叢書》本。其四為道光二十二年（1842）王堉抄本。其五為道光二十五年（1845）海山仙館本〔註28〕。

　　民國間又有仁和吳氏雙照樓刻本，《松鄰叢書》之一。國圖。中科院。上海。復旦。天津。遼寧。南京。廣東。雲南。《宋元明清書目題跋叢刊》據以影印。又有1933武進陶氏鉛印本，名《明代內府經廠本書目》，一卷，《武進陶氏書目叢刊》之一。國圖。上海。南京。

2.《酌中志・內板經書紀略》的編纂體例與價值

　　《酌中志・內板經書紀略》前有序，敘述了司禮監經廠庫由於管理不善而導致所藏書籍、板片損毀嚴重的事實，其後強調了書籍的重要性，提出了選刊重要書籍的詳細建議，鼓勵內相利用有利條件根據自身情況發奮讀書。後著錄內府刻書155種，不作明確分類。

　　該目僅記書名，偶有作者，簡略著錄本數、頁數，偶記絹布長度。

　　該部分先著錄內府有板之四部書籍155種。僅著錄書名，略記本數、頁數。其體例如：

〔註24〕　（明）史玄：《舊京遺事》，第14頁，北京：古籍出版社，1986年。
〔註25〕　舒習龍：《明末宮廷史事研究的力作——〈酌中志〉評介》，《長江論壇》2007年第3期，第93頁。
〔註26〕　（清）汪琬：《堯峰文抄》卷25《〈遠志之苗〉序》，《四部叢刊》影林佶寫刻本。
〔註27〕　（清）全祖：《鮚琦亭集外編》卷二九《題跋》，清嘉慶十六年（1811）刻本。
〔註28〕　按：參見舒習龍：《明末宮廷史事研究的力作——〈酌中志〉評介》，《長江論壇》2007年第3期，第93頁。

《五倫書》。六十二本，一千七百一葉。

之後著錄佛經一藏、道經一藏、番經一藏，載錄函數、頁數及所用的各色紙張、墨、絹、白面、明礬數量及所用黃絹長度。其體例如：

> 佛經一藏。計六百七十八函，十八萬八十二頁。共用白連紙四萬五千二十三張，藍絹二百五十三匹七尺四寸，黃絹廿六匹二丈四尺一寸。每匹長三丈二尺……

之後著錄大五大部經 5 種、小五大部經 4 種、五般經 7 種，著錄書名，間記本數、頁數。如：

> 小五大部經。

> 《法華經》。七本。

末又有敘，載述成祖纂修《永樂大典》的始末及《冊府元龜》的幾次抄錄事實，又記張文簡、張文忠、張中翰三人與一部《冊府元龜》之淵源舊事。嗟歎時日曆久，不知《永樂大典》、《冊府元龜》二書之存亡。

《酌中志‧內板經書紀略》是記錄明代內府刻書的唯一專著，保存了其時內府「有板」之書的原始面貌，爲後世研究明代內府的刻書情況、版本流傳等提供了珍貴的一手資料。

（二）南監刻書目錄——以梅鷟《南雍志‧經籍考》為例

南京國子監的書板來源主要爲西湖書院所藏宋監板以及元集慶路儒學的舊藏書板，堪稱精善。葉德輝《書林清話》稱「南監多存宋監、元路學舊板，其無正德以後修補者，品不亞於宋元」〔註 29〕。明代著錄南監刻書的專門目錄有景泰中吳節的《南雍志‧經籍考》（按：亦稱《南雍舊志‧經籍考》），嘉靖二十三年（1543）黃佐領銜、梅鷟編撰的《南雍志‧經籍考》，天啓三年（1623）黃儒炳《續南雍志‧經籍考》三種。三種是爲續補關係，以嘉靖本的體例與著錄最爲完善。

1.《南雍志‧經籍考》的作者梅鷟

《南雍志‧經籍考》是黃佐領銜主編的《南雍志》中的經籍類，由梅鷟負責編纂。「今委助教梅鷟盤校，分爲九類，鷟以己見附焉」〔註30〕。

〔註29〕葉德輝：《書林清話》卷五《明時諸藩府刻書之盛》，上海：上海古籍出版社，2012 年，第 96 頁。

〔註30〕（明）黃佐：《南雍志‧經籍考》下篇《梓刻本末》，《觀古堂叢刊》本。

梅鷟，字致齋，旌德人，正德八年（1513）進士。歷任南京國子監助教、鹽課司提舉，著有《尚書考異》、《尚書譜》、《古易考原》等，「力攻古文之偽」〔註31〕。《四庫全書總目》稱其「學問淹貫，故敘述亦具有本末」〔註32〕。梅鷟的《尚書》辨偽成果在《南雍志・經籍考》中亦有體現，如《經籍考・下篇・經類》著錄「《尚書注疏》二十卷」，下有梅鷟按語，引朱子、鄭樵、馬端臨等各家言論，論證了古文尚書之偽、利用之害。徐有富《論〈南雍志・經籍考〉》一文對此作了具體分析，今不贅述。

2.《南雍志・經籍考》的版本

《南雍志・經籍考》現存的最早版本當爲光緒二十八年（1902）湘潭葉氏刻本。半頁十一行，行二十二字，左右雙邊，大黑口，雙魚尾。《觀古堂書目叢刊》之一，其底本爲劉笏雲所得監中孤本〔註33〕。國圖、上海、遼寧、山東、南京、浙江、日本前田育德會、東京大學圖書館、日本國立國會圖書館。《郋園先生全書》、《宋元明清書目題跋叢刊》皆予以收錄。

又有 1916 至 1917 年仁和吳氏雙照樓刻本，《松鄰叢書甲編》之一。國圖。中科院。上海。復旦。天津。遼寧。南京。廣東。雲南。日本中央圖書館。東京都立大學圖書館。

3.《南雍志・經籍考》的編纂體例

本文以《觀古堂叢刊》本《南雍志・經籍考》爲對象進行討論。該本前有葉德輝敘，述該書價值，介紹版本，申明付梓之意義，慨歎傳書之難。後爲《經籍考》，首有序，申明經籍於文化傳播而言的重要性，介紹《經籍考》的卷次安排：「依舊《志》，以官書爲上篇，梓刻爲下篇。」正文部分爲上下二篇。上篇題「官書本末」，下有小序，介紹南監藏書情況，後著錄「天順年間官書」1 類 143 種。下篇題「梓刻本末」，下有小序，介紹南監存貯、校刻史籍的過程，對史籍的分類，對修補存書的建議等。下依書籍性質分 8 類，著錄南監校刻書板 300 種。

梅鷟《南雍志・經籍考》著錄書名與數量（按：書籍的本數、套數、部

〔註31〕（清）黃虞稷：《千頃堂書目》卷一，清文淵閣《四庫全書》本。

〔註32〕（清）永瑢：《四庫全書總目》卷八十《史部三十六》，北京：中華書局，1965年。

〔註33〕按：參見葉德輝：《重刻明〈南雍經籍考〉敘》，《南雍志・經籍考》，《觀古堂叢刊》本。

數以及板片數量等），後有解題，著錄作者（名姓、其他著作）、書籍的保存情況、體例、內容、成書緣由、與舊志的對校、收監日期、來源、相關序跋頌文及作者、頒行人、藏書處、版本、裝幀形式、同書異名、校刻人等信息，間有按語。其著錄體例如：

> 天順年間官書
>
> 《大誥》十二本。完。每本十葉，凡十條。

《南雍志・經籍考》的類目設置及各類著錄數量詳見下表：

篇　　目	部　　類	二級類目	備　　註
上篇（書）	天順年間官書 143		未分類
下篇（板）	梓刻本末 8 類 300 種	制書類 19	
		經類 60	
		史類 51	
		子類 25	
		文集類 23	
		類書類 9	
		韻書類 9	
		雜書類 104	

4.《南雍志・經籍考》的分類特色

《南雍志・經籍考》設上、下二篇兼記書、板，是對南監藏、刻書情況較為完整的記錄，亦凸顯了其刻書目錄的特徵。

該目下篇首設制書類，將類書、韻書單置於四部之外的做法，是對《文淵閣書目》設類傳統的遵循。將制書首置，於上篇首列《大誥》、《大明律》、《為善陰騭》、《孝順事實》等御撰、御頒書，將下篇第一類設為「制書類」，著錄御製、御頒書板 19 種，體現的是編纂者的尊聖思想。將醫書、刑法、年譜、札記、策書、文法、傳記、典制、民政、農書、法帖、筆記、書目、理學、會詩、志書以及後人重校刻之各類書籍併入雜書類，凸顯的是對四部書籍的重視。

5.《南雍志・經籍考》的著錄特色

《南雍志・經籍考》著錄了絕大多書籍的全缺存佚、品相、增補等信息。如「《洪武正韻》十六卷。存者四百十八面，破者十五面。脫者四十一面」，「《大

明清類天文分野書》二十四卷共八本。洪武十七年閏十月二十七日進。舊《志》不載」等。又如「」《大誥》十二本。……《大誥續編》十一本。……《大誥三編》十二本。……以上三書舊《志》脫簡不載，蓋近年所貯」等，反映了該志對吳氏舊志的校補工作。

《南雍志·經籍考》有對藏書地點、複本及書籍版本的著錄。如「《仁孝皇后夢感佛說第一希有大功德經》八十七卷。今存者五十四本，在東廂」，《諸佛世尊如來菩薩尊者名稱歌曲》十一本。見存。東廂」等。又如「《五代史》十六本。外重出二本」，「《禮記大全》。……又福建板二部」，「《大明會典》十套一百本。內府大字板。全」，「《會典》三十本。閩板。全」等。這些著錄項是對南監藏書情況的統計登錄，知南監所藏並非全為南監自刻書，亦有對內府板書、坊刻書等的收藏。可推知南監刻書時對底本作了甄選工作。

《南雍志·經籍考》對書籍的裝幀形式作有登記。如「《易傳》九部，每部一套，六冊。……俱紙殼紙套」，「《書傳》九套，每部一套，六冊。……皆紙殼」，「《春秋傳》九部，每部一套，四冊。胡安國傳。今存者一部，四本，綾套。外六部，每部四本，紙套」等。這一著錄項是對書籍原始面貌更為完整的保存，於其他書目中並不多見。

《南雍志·經籍考》有對作者其他著作情況的記錄。如許謙《中庸叢說》之下稱「謙有《四書叢說》二十卷，今《語》、《孟》不存」，則為後世考求許謙著述提供了線索。

此外，該目對書籍頒行日期的著錄，如「《大明令》一卷。……洪武元年正月十八日頒行，分為六類」；對書籍出處的著錄，如「《書傳會選》六卷。……見《事紀》及《錢宰傳》」；對書籍的作者、撰修、編次、刻板流傳概況的著錄，如「《春秋或問》十卷。……端學既作《本義》以發聖人之經旨，復作《辨疑》以訂《三傳》之疑似。作《或問》以校諸儒之異同，二十年始就，在元泰定時」、「《孝經集說》一卷。……行中書右丞朱公以古文、今文及朱子《刊誤》三書，學者習而不察，乃與儒者議，匯次其先後，且刪漢唐宋諸家訓注，附於古文之下，刻本以行，金華王禕為之序。朱公不知何名」；對校刻人的著錄，如「《五代史》。計七百九十三面。祭酒余有丁司業周子義重校刻」；對書籍別名的著錄，如「《隋書》八十五卷。……亦號《五代史志》」等，皆可作為研究版本學、刻書史、書籍史等的資料來源，具有重要的文獻價值。

載錄書籍自身信息之外，《南雍志·經籍考》於解題中又有對書籍的評

價，且間引前人評語以爲旁證。如「《尚書表注》二卷。……仁山金履祥注以其書於上下兩旁，故名之曰『表注』。疏冠百篇之序於各篇之首，而用朱子《孝經刊誤》之法圈之，亦疏其失於表。其書多有裨於蔡《傳》者」、「《北史》一百卷。……司馬溫公謂其亦近世之佳史，可亞《三國志》。然好述妖異兆祥謠讖，特爲繁猥」等，闡發了梅鷟個人對《尚書表注》、《北史》等書的看法。

《南雍志・經籍考》有按語 17 處，具有章學誠所謂「辨章學術、考鏡源流」的學術價值。其於上篇《禮記集說》下述明英宗刊書頒行天下事者，稱「（明英宗）以五經、四書、經注書房刊本字有差訛，命司禮監將《易》程朱《傳義》、《書》蔡沈《集傳》、《詩》朱熹《集傳》、《春秋》胡安國《傳》、《禮記》陳澔《集說》、《四書》朱熹《集注》謄寫重刊。即便於觀覽。司禮監欽此，刊佈天下。……右書嘉靖中奏准頒降者皆在其中」。又於經類《周易注疏》下論鄭、王易學之異，於《周易本義》下探討《周易》分篇分卦的問題，於《尚書注疏》下討論僞古文《尚書》之僞之害，於《毛詩注疏》下評論毛詩高簡、并述其重要性。於《春秋正義》下稱魯國《春秋》可信，而《左氏春秋》正爲魯國《春秋》；於《春秋公羊疏》下指出公羊子雖作史有失，然孔門精意亦時有存；於《國語》、《前漢書》下著錄成書及流傳、刻板過程；於《儀禮注疏》下著錄《儀禮》的傳授世系、亡佚原因等；於《論語注疏》下著錄文獻的見載來源；於《子由古史》、《宋書》、《梁書》之下對該書價值作評；於《晉書》下提出「唐虞之才皆其所自爲也」的觀點，鼓勵世人不可妄自菲薄；於《陳書》下著錄其校訂過程；於《隋書》下反駁鄭樵對《隋書》的過高評價，論述該書之失。

6. 對《南雍志・經籍考》的評價

《南雍志・經籍考》是保存南監刻書、存板情況最爲原始可信的資料。南監刻書最著名者當《十三經》、《二十一史》。南監收藏的《十三經》注疏系列書板有單疏板，又有八行板。板或不全，且經過刷印。《南雍志・經籍考》對嘉靖時南監所存《十三經》系統的板片情況進行了詳細著錄，是至爲寶貴的史料信息。

例如，閩刻十行注疏本《十三經》內，唯《儀禮注疏》闕。嘉靖五年（1526）陳鳳梧做了補刻。《南雍志・經籍考》著錄有《新刊儀禮注疏》十七卷，解題稱「《十三經》注疏，刻於閩者，獨缺《儀禮》。以楊復《圖說》補之。嘉靖

五年巡撫都御史陳鳳梧刻於山東，以板送監」〔註34〕，對十行本《儀禮注疏》的增補情況做了明確的交代。張麗娟《宋代經書注疏刊刻研究》第四章對十三經單疏本的刊刻源流一一加以追溯。在談到《春秋公羊疏》時，特別引用了《南雍志・經籍考》「《春秋公羊疏》三十卷，《舊志》作二十九卷者，非。存者一百九十七面，餘（缺）」〔註35〕的記載，作爲明代南監尚存《春秋公羊疏》單疏本板片的直接證據。

《二十一史》中的《宋書》、《南齊書》、《梁書》、《陳書》、《魏書》、《北齊書》、《北周書》爲宋板，《遼史》、《金史》爲翻刻元板，《宋史》、《元史》爲明板，其餘則爲元板，是爲三朝本。南監本《二十一史》雖經歷代遞修，間有訛謬，然整體而言底本珍善，梓刻精工，又爲官板，亦爲北監本的底本來源，對歷代正史的保存起到了不可磨滅的重要貢獻。

《南雍志・經籍考》對嘉靖時南監所存《二十一史》的板片情況做了詳細、原始的記載，是版本學的重要參考資料。日本尾崎康《以正史爲中心的宋元版本研究》一書專門討論了明代南北監的《二十一史》。其在討論南監嘉靖版《史記》三家注問題的時候，稱「《南雍志》列舉了《史記》刊成後南監所藏的二十一史，稱此本爲大字本。另外還有中字本和小字本兩種版本，可以認爲刊刻大字本時，依據的可能就是南監所藏的這兩種版本」，並認爲中字本『集慶路儒學梓』的字樣，說明其爲大德九年（1305）饒州路儒學刊十行二十二字本〔註36〕。張玉春《〈史記〉版本研究》對《南雍志・經籍考》所稱各史爲「集慶路儒學梓」的行爲做了另一種解釋。其認爲這種說法，「並不是說諸《史》卷頁上有此六字，大德年間建康道肅政廉訪司尚未改爲集慶路，故所刊十史，均在版心梓所轄九路儒學名，……而後諸史版本彙集到建康道儒學，又改爲集慶路儒學」。稱明國子監前身即爲集慶路儒學，故而《南雍志・經籍考》將大德九路十史統稱爲「集慶路儒學梓」〔註37〕。各家著述對《南

〔註34〕（明）黃佐：《南雍志・經籍考》下篇《經類》，《觀古堂叢刊》本。
〔註35〕（明）黃佐：《南雍志・經籍考》下篇《經類》，《觀古堂叢刊》本。按：該本「餘」後爲一字空。據張麗娟所引，《存目叢書》本「餘」後當爲「缺」字。張麗娟，《宋代經書注疏刊刻研究》，第 241 頁，北京：北京大學出版社，2013 年。
〔註36〕按：參見（日）尾崎康：《以正史爲中心的宋元版本研究》第 108 頁，北京：北京大學出版社，1993 年。
〔註37〕按：參見張玉春：《〈史記〉版本研究》第 312 頁，北京：商務印書館，2001 年。

雍志‧經籍考》的直接引用與闡述，是該目版本學價值的重要體現。

黃佐《南雍志‧經籍考》是直接以嘉靖時的南監藏書、刻板情況為對象而編纂的書目，是獨一無二的珍貴史料。該目有大序，有小序，有分類，有內容豐富詳覈的解題，為明代少見的解題性書目。該目體例完整、著錄得宜，具有極高的學術價值。

（三）北監刻書目錄——以郭磐《明太學經籍志》為例

《明太學經籍志》為嘉靖間郭磐所撰。郭磐生卒年不詳。

1. 各家對《明太學經籍志》的著錄及該書版本

《善本書室藏書志》：

> 《皇明太學志》十二卷。明刊本。〔註38〕

> 嘉靖三十六年賜進士朝列大夫國子監祭酒前司經局洗馬翰林院
> 國史修撰同修大明會典經筵講官晉高平郭磐纂修並序曰：……

《天一閣書目》：

> 《皇明太學志》。刊本。明嘉靖二十六年郭磐序云……〔註39〕

《緣督廬日記抄》：

> 《皇明太學志》。明高平郭磐輯。十二卷，前有嘉靖三十六年自
> 序。刻本。〔註40〕

《明太學經籍志》位於《皇明太學志》卷二《典制》之內。該書有 1916 年羅振常蟫隱廬刻本。半頁十行，行二十一字。左右雙邊，小黑口，單魚尾。《蟫隱廬叢書》之一。《宋元明清書目題跋叢刊》據以收錄。《蟫隱廬叢書》十八種，羅振常編。有清宣統二年（1910）至民國二十五年（1936）上虞羅氏謄寫及鉛印本，三十三年（1944）吳興周延年匯印本。北師大。上海。華東師大。重慶。

2.《明太學經籍志》的編纂體例

《明太學經籍志》前有序，言書籍之功用與太學經籍之設立經由，又記 15 次詔令，皆為規定習讀內容、修板、頒賜書籍等內容。後有按語，稱北監藏書底本多為頒賜，取自內府、南監及各地，亦有自刻者。又記弘治十四年

〔註38〕 （清）丁丙：《善本書室藏書志》卷十三，清光緒刻本。
〔註39〕 （清）范邦甸：《天一閣書目》卷二之二《史部》，清嘉慶文選樓刻本。
〔註40〕 （清）葉昌熾：《緣督廬日記鈔》卷十六，民國上海蟫隱廬石印本。

（1501）與嘉靖三十六年（1577）兩次增置書櫥及書籍的情況。其正文分 7 櫥著錄書籍 79 種。又分 2 類，記北監書板 76 種。正文後附錄《崇文閣碑記》，稱崇文閣爲元代的藏書閣，又記閣碑其時存於東講堂。

　　《明太學經籍志》著錄書名（板片名）與部數、本數、板數，間記全缺及與舊《志》的對校情況。其體例如：

　　　　左一黑廚

　　　　《易經大全》六部，每部一十二本。舊《志》四部，今多二部。

　　　一部缺二本，一部缺四本。

　　　　堪印書版數目

　　　　《千字文體》一百二十七塊。舊《志》二百八十塊。

　　《明太學經籍志》的類目設置及各類著錄數量詳見下表：

分　櫥	數　量	總　計
中紅廚	6	書籍 7 櫥 79 種
左一黑廚	14	
左二黑廚	11	
右一黑廚	21	
右二黑廚	4	
東廂書廚	8	
西廂書廚	15	
堪印書板數目	23	板片 2 類 6 種
殘缺不堪印書板數目	53	

3. 對《明太學經籍志》的評價

　　《明太學經籍志》不作分類，依櫥著錄，有帳簿式登記書目的性質。

　　該目是唯一現存的著錄明代北監刻書的專門書目，是考鑒北監刻書的一手資料。北監刻書數量遠少於南監，以《十三經注疏》與《二十一史》爲主，其底本多爲南監本，且多成書於萬曆間。北監刻書所用底板經明人修補，其面貌較之南監稍欠精善，然亦較爲完整地保存了正經、正史的原始面貌，並成爲汲古閣本、清武英殿本的直接底本來源，是版本學史的重要里程碑。此外，該目乃是與舊《志》的對校書目，可據以考見北監藏書及板片的變化。

三、私人刻書目錄——以毛晉《汲古閣校刻書目》爲例

私人刻書始見於唐五代、發展於宋，至明始盛。與書賈坊刻不同，私人刻書的主導者多爲藏書家，盈利非爲其刻書的第一目的，故而對付梓之書往往愼選底本，精加讎校，對紙墨雕印亦有較高的要求。私人刻書多有善本存世，如王延喆《史記》、嘉趣堂仿宋刻《六臣文選注》等，版本價值較高。

明代私家刻書雖盛，然存世的刻書目錄較少，存世者亦甚爲罕見。《百川書志》著錄有《書莊記》一卷，下稱「國朝武定侯家刻書目也」〔註41〕，或爲郭勳家刻書目。嘉靖二十年（1541）朱權編著有《寧藩書目》一卷，是現知最早的私人刻書目錄。朱權爲寧府藩王，長於詩文樂律，精於校刻。明代藩府多有刻書（按：陳清慧《明代藩府刻書研究》一書對其作有詳細的考證，可資參考），然刻書書目爲今世所知者或僅《寧藩書目》一種。該目亦佚，憑《四庫全書總目》存目的收錄存其概貌。明末毛晉撰有《汲古閣校刻書目》，是現存唯一可見的明代私人刻書目錄。

（一）《汲古閣校刻書目》的作者及版本

毛晉，初名鳳苞，字子久，後改名晉，字子晉，號潛在，別號汲古主人，隱居常熟之東湖，故又號隱湖，明末清初著名藏書家、出版家。毛晉交遊遍天下，早年曾投身錢謙益門下問學，二人亦師亦友，私交甚密；又與錢曾定交，與徐𤊟、陳繼儒、胡震亨、陳瑚等當世大儒皆有往來，唱酬應和，互通學問。

毛晉矢志藏書，家富圖籍八萬四千餘冊，多宋元善本，建汲古閣、目耕樓以儲。又勤於抄書，毛抄本多爲罕見秘笈，繕寫精良。又勤於著錄，有《隱湖題跋》、《蘇米志林》、《毛詩陸疏廣要》、《海虞古今文苑》、《毛詩名物考》、《明詩紀事》等著作行世，影響廣泛。

毛晉最著名的活動在於輯校、刻印書籍。毛晉刻書數量龐大，經史子集，靡有未涉，所刻書板計十萬餘片，「縹囊緗帙，毛氏之書走天下」〔註42〕。毛晉校刻的《十三經》、《十七史》、《津逮秘書》、《六十種曲》等大型書目流傳極廣，對文化傳播的貢獻巨大。

毛氏有《汲古閣毛氏藏書目》，成書時間未知，有抄本行世。該本「抄寫

〔註41〕（明）高儒：《百川書志》卷五，《觀古堂叢刊》本。
〔註42〕（清）錢謙益：《牧齋有學集》卷三十一《隱湖毛君墓誌銘》，上海：上海古籍出版社，1996年。

極其工整，然訛誤字頗多」〔註43〕，疑或出自家僕之手。又有《汲古閣校刻書目》，乃毛晉手編者，記汲古閣於明代校刻的書籍。入清後，毛晉五子毛扆輯有《汲古閣珍藏秘本書目》，乃毛扆轉讓汲古閣善本書時所列的清單，收錄秘本481種。

丁氏《八千卷樓書目》著錄有：

> 《汲古閣校刻書目》一卷《補遺》一卷。國朝鄭德懋撰。小石
> 山房本。
>
> 《汲古閣刻板存亡考》一卷。國朝鄭德懋撰。小石山房本。

〔註44〕

清劉錦藻《續文獻通考》亦著錄：

> 《汲古閣校刻書目》一卷。鄭德懋。下同。
>
> 《汲古□□目補遺》一卷。
>
> 《汲古閣刻板存亡考》一卷。〔註45〕

其稱鄭德懋撰者，或為不知為毛晉原本，而以鄭德懋輯錄之故。

《汲古閣校刻書目》現存顧湘輯校本。半頁十一行，行二十二字，左右雙邊，黑口，雙魚尾。《宋元明清書目題跋叢刊》據以影印收錄。

（二）《汲古閣校刻書目》的編纂體例

本文以顧湘輯本為對象展開探討。該本前有顧氏《小引》，稱於書肆中得舊抄《汲古閣刻書目》一冊，上有毛晉汲古閣朱印，當為毛晉原本。後又得滎陽悔道人（按：鄭德懋）手輯本，乃將二本對校整理，於道光二十一年（1841）刻入《小石山房叢書》中，同時收錄的還有鄭德懋所撰《汲古閣主人小傳》、《汲古閣刻板存亡考》與《汲古閣校刻書目補遺》3種。

鄭德懋於《汲古閣主人小傳》中簡介毛晉生平，並述輯校該書之經由，稱是在陳秉鑰所錄一卷本的基礎上「校正若干字」而成。鄭氏復輯《補遺》一卷，並《刻板存亡考》置於抄本之後，又擬毛晉《小傳》冠其首。

〔註43〕鄧子勉：《宋金元詞籍文獻研究》第123頁，上海：上海古籍出版社，2008年。

〔註44〕（清）丁立中：《八千卷樓書目》卷九《史部》，民國本。

〔註45〕（清）劉錦藻：《清續文獻通考》卷二百七十二《經籍考十六》，民國影《十通》本。

　　《汲古閣校刻書目》未分卷。著錄時先列經史書籍，次之以毛晉所輯大型叢書《津逮秘書十五集》，次之以《文選》、《玉臺新詠》等大型總集，次之以詩文集，始於漢魏，歷唐、宋、元而終之以明，次之以譜錄、方志、醫書、釋道、筆記等，而以詞曲雜劇爲末。其著錄體例爲先著合集名，後列舉該集所收之書，每書一欄，上端著錄書名、卷數，間以作者姓名前綴，下端記板頁數，各集（書）之後統計該集（書）板頁總數，間或著錄書籍的作者、卷數、卷次結構、內容、附錄、付梓情況、板片內容、以及叢書、總集等所收書籍的種數、卷冊數、卷次等信息。其體例如：

　　　　五經

　　　　《易經》四卷。一百六十八頁。

　　　　……

　　　　《禮記》十卷。七百十四頁。

　　　　共二千十九頁。

《汲古閣校刻書目》總著錄汲古閣校刻書籍 567 種，其板片可考者多達 107197 片。另有《大學衍義》、《陸狀元通鑒》、《梵本翻宋板華嚴經全部》三種板片數量佚失，或爲壞版，漫漶之處以□替代，其確切數量還有待考證。

　　此外，清人鄭德懋編著的《汲古閣校刻書目補遺》是《汲古閣校刻書目》的重要補充資料，可作爲研究毛晉刻書情況的參考。《補遺》包括兩部分的內容。一爲《汲古閣校刻書目》原本所遺漏者 44 種。其中包括經史類 11 種，《道藏八種》，《山居小玩》10 種，其他筆記、譜帖、佛經、道經、文集、題跋等 15 種（按：其中有毛晉自著之《香國》、《隱湖題跋》2 種）。該部分除《山居小玩》稱 246 頁外，餘皆未記板頁數，或皆付梓於《汲古閣校刻書目》成稿之後，故而未見載於《校刻書目》。二爲毛晉自著而未刻者 17 種，如《明四秀集》、《隱湖小識》、《救荒四說》等，可作爲考訂毛晉著述情況的文獻補充。該部分內有鄭德懋及顧湘手批，記書籍之內容、作者、附錄等信息。

　　又有鄭德懋輯錄、顧湘參校的《汲古閣刻板存亡考》一卷，是記錄汲古閣書板傳藏利用的重要文獻，可見書籍傳刻之難、散佚之易。

　　《汲古閣刻板存亡考》著錄有汲古閣所刻書 25 種，記其板片傳藏、保存情況，間記板片逸事一二則，偶有案語，對版本的價值、優劣等加以品評，體例如下：

《十三經注疏》

　　板現存常熟小東門外東倉街席氏。近吳郡有翻板。

有記前人逸事、他人見聞並加以評論者。其於《四唐人集》下載錄毛氏後人將此書板作薪煮茶事，且發案語，點評該書價值。稱「《四唐人集》內，惟《唐英歌詩》一種最爲善本，即如《席氏百家唐詩》內，亦刻而空白多至二三百字，令人不可讀。然則汲古閣此本眞密寶也」。

　　顧氏校語以手書的形式批於書眉及板名之下。其中有著錄書籍辨僞情況者，如「《津逮秘書》。內《甘石星經》一種，竹汀先生《養新錄》曰『眞《甘石星經》見後漢劉昭《補志》，此蓋僞書』」，「《三唐人文集》。浙江汪韓門先生辨孫可之文，別一名手僞託」等。

　　有考證板片存佚情況者，如「《五唐人集》。板無」，「《六唐人集》板無」。

　　有評價版本者。如《許氏說文》一種，批稱：「案初印毛板許《說文》最爲難得。近有孫淵如先生翻宋《許氏說文》，亦爲善。」〔註46〕

（三）《汲古閣校刻書目》的著錄特色

1. 著錄是否付梓

　　《汲古閣校刻書目》於《津逮秘書》之下著錄有《五色線》一書，稱「二卷。中卷未刻。九十一頁」。

　　宋人周紫芝《太倉稊米集》卷二一有「羅叔共《五色線》」的著錄，當指宋人羅叔恭。羅叔恭，名竦，開封人，事蹟詳見《宋元學案》卷二七。《五色線》一書乃摘錄群書詞語故實與神仙怪異等內容而成，可看做是小說類的摘抄集。該書摘抄的書籍多達 160 餘種，多爲唐人小說，具有較高的輯佚學價值。《遂初堂書目》著錄該書，不記作者姓說。《宋史·藝文志》著爲一卷，「不知作者」。《善本書室藏書志》載舊鈔本，《藝風堂藏書續記》收明刻本，皆三卷。《津逮秘書》爲毛晉所輯叢書，其中有《五色線》一種，僅收錄上、下二卷，對中卷不予收錄、亦不付梓。《四庫全書總目》據以收入小說家類存目。〔註47〕

〔註46〕按：又有三處字跡模糊不清者，或一爲對查郡志，看是否載錄書板；一爲著錄《陸放翁全集》下稱「初印遞（？）《老學庵筆記》連（？）《南唐書》」；一爲《元人十集》下，批有四字，皆模糊不可識。

〔註47〕按：參見石昌渝主編之：《中國古代小說總目·文言卷》，第 498 頁。太原：山西教育出版社，2004 年。

2. 將書名之前的作者項補全，並加以標識

古代書目尚未形成統一的編纂體例，往往出現在書名之前附加作者的著錄方式。如《郡齋讀書志》之《王弼周易》、《關子明易》、《邵康節皇極經世》；《直齋書錄解題》稱《子夏易傳》、《了翁易說》等。至明代，《文淵閣書目》中亦大量採用了這種著錄方式，如《大易曾樓粹言》、《王日休準係易解》、《周易項安世玩辭》、《朱元升三易備遺》等（按：詳見前文「關於《文淵閣書目》是否著錄作者信息的問題」部分）。其後如《百川書志》、《脈望館藏書目》、《吳文定公藏書目》、《國史經籍志》、《續文獻通考‧經籍考》等明代的多家書目皆採用此法，成為簡化書目解題的方式之一。採用這種著錄方式的書目往往將不完整的作者姓名、字號、諡號、齋號等置於作品之前不加詳解，其字號冷僻者往往令後世疑惑，不知所指為誰，難免引發訛誤。

《汲古閣校刻書目》於《漢魏六朝一百三家集》中對這種方式加以改進，以單行小字的方式將其增補的內容標識出來，從而做到了與原書書名的區分。如：

> 《漢魏六朝一百三家集》‧漢九人
>
> 《賈（誼）長沙集》。四十九頁。
>
> 《司馬（相如）文園集》。四十三頁。〔註48〕

這種以特殊字樣標注增補內容的著錄方式較之前代更為規範。既保存了書籍原貌，又簡化了解題，可謂一舉兩得。

值得注意的是，《汲古閣校刻書目》全目皆採用了將作者項前置的著錄方式，如「司馬遷《史記》」、「班固《前漢書》」等，唯於《漢魏六朝一百三家集》部分採用了特別標識的方式。或因該部分皆為文集，作者多稱官職、別號，恐讀者無法考辨，故而加以補全。體現了毛晉校刻書籍的嚴謹，令人稱讚。

（四）《汲古閣校刻書目》的價值

毛氏家富善本，其校刊出版之書底本當為慎選之精善本，而此目不作著錄，實為憾事。然而，該目雖於著錄體例上有諸多缺憾，但其保留的信息已彌足珍貴，足資後世參考。

其一，《汲古閣校刻書目》統計了汲古閣校刻各書的刻板數量。統計板片數量為刻書目錄的特色之一。《汲古閣校刻書目》未如《南雍志‧經籍考》、《明

〔註48〕按：括號內即為原書小字。

太學經籍志》等將版片與書籍分別設類著錄，而是採用了隨書登記的方式，將各書書板數量著於書名之下。如《盛唐二大家》。……共一千六百五頁。《總序》、《序例》、《紀略》在內」，「《十三經注疏》，……共一萬一千八百四十六頁。外《總序》九篇，約八十餘頁」等，方便刻工計酬及板片的保管。

其二，《汲古閣校刻書目》體現了毛晉纂輯叢書的成果。叢書的編纂在明代進入繁盛期，數量較之前代劇增。毛晉校刻書籍時亦喜好自輯叢書，成果很多。《汲古閣校刻書目》著錄有《津逮秘書五十集》、《六十種曲》、《詞苑英華》、《詩詞雜俎》、《漢魏六朝一百三家集》、《宋名家詞六集》六種叢書。其中除《漢魏六朝一百三家集》外，皆爲毛晉編定者。

其三，《汲古閣校刻書目》著錄了眾多的珍罕秘書，保存了珍貴的史料線索。如《詩詞雜俎》中著錄有宋人趙師秀《眾妙集》六十九頁。該書失傳已久，爲陳振孫《直齋書錄解題》所未載。《四庫全書總目提要》稱「此本出自嘉興屠用明家，寒山趙靈均以授常熟馮班，班寄毛晉刊之，始傳於世」，且評價該集「去取之間確有法度，不似明人所依託」〔註49〕，認爲珍本。又有《谷音》、《月泉吟社》、《河汾諸老詩集》等，爲宋金元三代遺民的詩集匯輯，世所罕見。

其四，《汲古閣校刻書目》爲考證毛晉學術傾向提供了參考。顧湘於目前《小引》稱其所得二本「俱前後倒置、體例未一」，故略加整齊排比，當是在保存原有體例的情況下稍事微調、順次歸類而已。由此可知現行本的體例爲毛晉所設。從該目的著錄次序上可大概考知毛晉首推經史、後詩文集、後子雜各家，而以詞曲雜劇爲末的學術傾向。

其五，《汲古閣校刻書目》具有文體學的價值。《汲古閣校刻書目》於正經、正史外，收錄毛晉手輯編定之詩文合集如《四唐人集》、《五唐人集》、《八唐人集》等數量相當可觀，又有毛晉編輯之叢書如《詩詞雜俎》、《詞苑英華》、《宋名家詞六集》、《津逮秘書十五集》、《六十種曲》等若干種，乃後世進行文體研究的重要參考文獻。

（五）毛晉的文獻學思想——以《隱湖題跋》爲例

1.《隱湖題跋》的成書與版本

《隱湖題跋》所載 152 篇，皆是毛晉爲其所校刻的書目撰寫的跋文。陳

〔註49〕　（清）永瑢：《四庫全書總目》卷一百八十七《集部四十》，北京：中華書局，1965 年。

繼儒《敘》稱其題跋「非杜撰判斷，硬加差排於古人者。蓋胸中有全書，故本末具有脈絡。眼中有眞鑒，故眞贗不爽秋毫」〔註50〕，王象晉亦贊其「或剔前人之隱，或揭後人之鑒，或單詞片句，扼要而標奇，或明目張膽，核訛而黜謬。平章千古，薈萃百家，用意良已勤矣」〔註51〕，評價甚高。

《隱湖題跋》有民國間常熟丁氏刻本，《虞山叢刻》之一。該本半頁十三行，左右雙邊，黑口，版心下有「虞山叢刻」字樣。正文前有陳繼儒《敘》、李穀《敘》、孫房《敘言》、王象晉《引》、胡震亨《毛子晉諸刻題跋引》、天台摩訶衍人正止《跋引》以及夏樹芳《毛子晉諸書跋語題詞》。後分兩卷，卷一前有《題跋目錄》，著錄110篇。卷二前有《續跋目錄》，著錄42篇。二目皆未作分類，僅著錄題跋篇名，同一書多篇題跋者以「又」字標識，總著錄毛晉題跋152篇。《宋元明清書目題跋叢刊》據以影印，本文亦以該本爲研究對象。

後潘景鄭在其基礎上重新整理，輯入散見該書之外的毛晉題跋及其子表、扆題跋若干，總計249篇，合爲《汲古閣書跋》，有1958年上海古典文學出版社鉛印本。該本正文前有汲古閣元刻「題跋」首頁書影、汲古閣原刻「題跋」引語書影、1958年潘景鄭所撰《序言》、目錄，後有錢謙益《隱湖毛君墓誌銘》、悔道人《汲古閣主人小傳》、《常昭合志稿》、陳繼儒《敘》、李穀《敘》、孫房《敘言》、王象晉《引》、胡震亨《毛子晉諸刻題跋引》、天台摩訶衍人正止《跋引》以及夏樹芳《毛子晉諸書跋語題詞》。

2.《隱湖題跋》的內容

（1）對史料的保存

著錄卷冊數，如《剪綃集》下載「二卷」。著錄作者姓名、年代、籍貫、生平、交遊逸事、著作等信息者，如《李習之集》下載「習之涼武昭王裔也。貞元間進士，調校書郎，知制誥，終爲山南東道節度使，檢校戶部尙書。其性耿介，喜爲危言，仕不得顯。從昌黎公遊，與皇甫持正並推當時」。記得書時間、地點，如《元宮詞》下載「辛未花朝，偶過林若撫齋頭，見《元宮詞》百首」。移錄前人序跋，如《東堂詞》下載澤民自敘，記書堂得名及成書經由，稱「少時喜筆硯淺事，徒能誦古人紙上語。嘗知武康縣，改盡心堂爲東堂，簿書獄訟之暇，輒觸詠自娛。……」著錄卷次結構，如「《鍾仲偉詩品》。……

〔註50〕 （明）陳繼儒：《〈隱湖題跋〉續》，《虞山叢刻》本。
〔註51〕 （明）王象晉：《〈隱湖題跋〉引》，《虞山叢刻》本。

采輯漢魏以來詩家一百有二十人，釐爲上中下三品，……」。記書目的全缺存佚，如《甘澤謠》下稱「……既從友人處見抄本二十餘條，乃就《太平廣記》中摘出者，非郊原書。甚哉贋抄之欺世也！今得兵憲楊公重訂善本，參之《廣記》，略有異同。與端臨《經籍考》相合，惜乎原序亡逸耳」。

又有移錄書籍內容之處，保存了一些罕見的詩詞文獻。如：

《竇氏聯珠集》。……余嘗得吳良嗣家所抄唐詩，僅有叔向六篇，皆奇作。念其不傳於世，今悉錄之。

《夏夜宿表兄話舊》云：……《秋砧送包大夫》云：……《春日早朝應制》云：……《過詹石湖》云：……《正懿輓歌二首》云：……第三篇亡矣。

又據宋計敏夫云：竇叔向字遺直，京兆人，代宗時，常袞爲相，用爲左拾遺內供奉。及貶，亦出爲溧水令。有《寒食賜火詩》云：……《端午日恩賜百索》云：……《酬李袁州嘉祐》云：……

又得囁嚅翁絕句六首。《代鄰叟》云：……《永寧小園寄接近較書》云：……《寄南遊弟兄》云：……《新營別墅寄兄》云：……《自京將赴黔南》云：……《宮人斜》云：……

（2）對學術源流的考辨

述作者之學術淵源，點評其成就。如《孫可之集》下稱「……可之與友人論文云：嘗得爲文眞訣於來無擇，來無擇得之皇甫持正，皇甫持正得之於韓吏部退之。至《與王霖秀才書》亦云：非自信昌黎後一人耶。蘇長公謂其少遜於持正，恐未可雌雄云」。

點評作品的藝術價值。如《冷齋夜話》下稱「浮屠之裔，求其籍籍於述作之林，殆不多見矣，習小說家言者尤鮮。……洪公之《林間錄》、《僧寶傳》諸編，清才妙筆，不讓嵩老，而其書竟不入藏。豈時至大觀，風會又一變耶。《冷齋夜話》雖微瑣零雜，如渴漢嚼榴子，喉吻間津津有酸漿滴入，所以歷世傳之無窮也」。

點評故事。如《焚椒錄》下稱「讀《焚椒》者，輒酸鼻切齒爲蕭氏惜，予竊爲蕭氏幸。凡古來才貌女子，多不克令終。倘蕭氏不有乙辛單登輩奸構十香淫案詞，則《迴心》、《懷古》諸篇，亦泯沒無傳。而《絕命》二十餘言，又何自發詠耶。此不過終身受幸，而史臣筆之曰懿德皇后云爾。何以使後之

騷人韻士，欽其德、美其才、悲其遇、嘖嘖不去口哉。人曰：乙辛單登，後之罪人。予曰：乙辛單登，後之功臣也」。

3.《隱湖題跋》對毛晉文獻學思想的反映

（1）重視校刻

重視校勘是毛晉刻書的特點之一，於題跋之中多有展現。有記刊書緣由、校訂刪改依據、刊刻體例、刊成日期者，如《王建宮詞》下稱「……意宋南渡後，逸其眞作，好事者摭拾以補之。余歷參古本，百篇具在，他作一一刪去」；《王珪宮詞》下稱「……時本誤刻《花蕊夫人》者四十一首，而即以婦人三十九首移入公集，復以唐絕二首足之，今悉釐正無差」。有記對校異同者，如《詩外傳》下稱「……但所載詩句與本經互異，或漢時刊於石碑者，與今不同。如南有喬木、不可休息一章，迭用四『思』字，確然可憑。……陳氏謂多載雜說，疑非當年本書，此亦強作解事矣。予家藏宋刻，與《容齋隨筆》相符，因錄其跋語於前。據焦氏云，佛典引《韓詩外傳》曰：……。今本俱無之」。此外，毛晉提出了「不敢妄改」的觀點，如《史記索隱》下稱「汴本詩文演注與桐川郡諸刻微有不同。如……此類頗多，不敢妄改……」。

（2）重視有價值的小說、野史、筆記等

毛晉於《卻掃編》之下強調了小說、野史、筆記等的價值，稱「野史中能不涉荒唐譎誕新奇飾說，而簡次朝寧之鉅典法制，一代史館之所未嘗搜羅者。雖曰小說，實有攸關。班孟堅諸君敘列於百家之末，蓋非無謂也。……徐吏部寥寥三卷，頗有裨諶之風，所謂謀之野者得之也。是編也，當與我明元美氏《異典》二述同一軌轍云」，又於《揮麈前錄》下提出以筆記補正史之失的建議，稱「余讀史至宋，每病其蕪蔓靡腐，輒爲掩卷。因搜洪容齋、姚令威諸家小說，梓而行之，以補一二」。此處毛晉所謂小說者實爲宋人筆記，毛晉對其史學價值的評價不可謂不高。

（3）重視版本

毛晉藏書精善秘本極多。毛扆編錄的《汲古閣珍藏秘本書目》所載者即多達481種，十分驚人。毛晉於刻書題跋中對所用珍善之本往往作特別指出，一定程度上彌補了《汲古閣校刻書目》不著錄版本的遺憾。如宋本《晉書》之下稱「此書爲王弇洲先生所藏。貞元本唐德宗年號，印恰符先生名字，故其秘冊往往摹而用之，下必繼以三雅印。此屬仲雅者，向曾遭割裂，想經先生改正。餘全史中原本亦係宋刻，每多缺字，而此本特全，洵可寶也。湖南

毛晉識」。又記求購善本、秘本之願，如《近體樂府》下稱「南渡而下，詩之富實維放翁。文之富實維益公。先輩爭仰爲大家，與歐蘇並稱。但卷帙浩繁，我明尚未副棄。予於寅卯間，已鐫放翁詩文一百三十卷有奇行世，而益公《省齋》諸稿二百卷僅得一抄本。句錯字淆，未敢妄就剞劂。倘海內同志，或宋刻或名家訂本，肯不惜荊州之借，俾平園叟與渭南伯，共成雙璧，眞藝林大勝事也。……」。

此外，毛晉於題跋中有多處提到坊刻本，批評其粗劣不成體統。如《劍南詩稿》：「……近來坊刻寡陋不成帙。」《宋徽宗宮詞》：「五嶽山人止選一百六十七首，坊刻或二百八十一首，或二百九十二首，或三百首有奇，多混入鄙俚贋作，以取數多。」《極玄集》：「……雖然劉須溪點次鴻文典冊，奚止什伯，悉爲坊間冒濫，混入耳目，贋刻之。日以長僞，何如原本之藏，適以存眞也。」《竹屋癡語》：「賓王詞。《草堂集》不多選，選入如《玉蝴蝶》，坊刻竟逸去。又如《杏花天思佳客》諸作，混入他人，先輩多拈出以慨時本之誤。……」《逃禪詞》：「……《草堂集》止載「癡牛騃女」一調，又逸其名。後人妄注毛東堂，可恨坊本無據，反令人疑《香奩》之或凝或偓云。」《介庵詞》：「……予家舊藏《介庵詞》一卷，板甚精良，惜未得其全集。又有《文寶雅詞》四卷，中誤入孫夫人《詠雪詞》。又曾見《琴趣外編》六卷，章次顚倒，贋作頗多，不能悉舉。至如《席上贈人》、《清平樂》，昔人稱爲集中之冠，反逸去。可恨坊本之亂眞也。」對坊刻本濫製粗陋之害的認識，當爲毛晉刊刻書籍時愼選善本、詳加校讎的原因之一。

（4）辨僞思想

毛晉於題跋中對僞書的情況亦有記載，指出僞書來源，批評其欺世盜名。如《陸璣草木鳥獸魚蟲疏》：「……後世失傳，不得其眞，故有疑爲贋鼎者。或又曰：贋則非贋，蓋摭拾群書所載，漫然釐爲二卷，不過狐腋豹斑耳。其說近之。」又如《甘澤謠》：「……既從友人處見抄本二十餘條，乃就《太平廣記》中摘出者，非郊原書。甚哉贋抄之欺世也！」

（5）考據思想

毛晉往往於題跋中以按語的形式論述其考據思想。其中，有辨正作者、生平、交遊、學術淵源者。如其於《京房易傳》下對漢代名「京房」者做了考辨，稱「漢時有兩京房，皆治易。一爲梁人，……」；又於《揮麈後錄》下記王氏祖孫三代治史的家學及師友淵源，稱「雪溪公嘗著國朝史，述仲言其

仲子也。其祖授學與歐陽永叔之門，仲言又授學於李仁甫之門。不惟家傳史學三世，其師友淵源，蓋有自矣」；又以學術研究的領域爲證據辨定《陸璣草木鳥獸魚蟲疏》的作者，稱「或曰吳太子中庶子烏程令陸機作也。或曰唐吳郡陸璣作也。陳氏辨之曰：其書引《爾雅》郭璞注，則當在郭之後，未必吳時人也。但諸書援引多誤作機。案：機字士衡，晉人，本不治詩。則此書爲唐人陸璣字元恪者所撰無疑矣」。

又有考辨卷次、版本的流變者。如《東觀餘論》：「曩從《百川學海》中讀《法帖刊誤》兩卷，即《東觀餘論》之綱領也。別行已久，而全本罕見。秀水項氏仿川本重鐫，又增其所刪，惜乎弗廣流佈。王氏《書苑》與諸書同梓，大是坊賈伎倆，訛謬脫簡甚多。……」

又有考證書名、內容者。如《酉陽雜俎續集》：「《酉陽雜俎前集》，余既已梓之矣。茲續集也。前後具有諾皋記其命名之義，從來難解。宋人有以中行獻子許梗陽人巫皋事爲解，理或近之。或曰，靈奇秘要辟兵法有況曰，諾皋則益近於誕矣。寺塔記載長安兩街梵刹，徵釋門事甚委。更著壁障繪畫而不及土木之宏麗，蓋以文皇帝掃靖一處煙塵，便建一伽藍爲功德，其輦轂之下，亦有燕許諸公立金石而表彰之，柯古不作贅疣也。若與楊衒之對案，西京東都，各自生面……」

又有考辨他書記載之誤者。如《西京雜記》：「卷末記洪家有劉子駿書百卷，先公傳之云云。按，所謂先公者，歆之於向也。而《館閣書目》以爲洪父傳之，非是。陳氏云：未必是洪作。晁氏云：江左人以爲吳均依託爲之，俱未可考。至於爾來坊刻作劉歆撰，抑可笑矣。據《唐藝文志》亦只二卷，今六卷，後人所分也。余喜其記書眞雜，一則一事，錯出別見，令閱者不厭其小碎重疊云。」

四、坊肆刻書目錄

明代書坊數量甚夥。書坊繁盛之地首推福建建寧府，建寧坊刻又以建陽縣的麻沙、崇化二鎮爲中心。建陽書坊多達 47 家〔註52〕，其中多有前代老字號，經驗豐富，技術成熟，產量很高。葉德輝《書林清話》對明代書坊作有詳細的考核，南炳文、何孝榮所撰《明代文化研究》一書亦對書坊有所著錄，可供參考。

〔註52〕按：參見曹之：《中國古籍版本學》一書，武漢：武漢大學出版社，1992 年。

明代書坊所刻書籍數量既多，範圍亦廣，惜未成系統，亦無代表性書目傳世。各家著錄中，朱睦㮮《萬卷堂書目》著錄有《福建書目》，僅記書名〔註53〕。黃虞稷《千頃堂書目》載「《福建書目》一卷」〔註54〕、「《建寧書坊書目》一卷」〔註55〕。（乾隆）《福州府志》載「（明）羅泰，《福建書目》二卷」〔註56〕。此二種或爲坊肆刻書目錄，未見其書，具體信息有待繼續考證。

（景泰）《建陽縣志續集·典籍》與（嘉靖）《建陽縣志·圖書》2 種，皆爲方志之內的書坊刻書目錄。方志藝文志或記一方著述，或記一方書籍，而記載某地書板的情況甚爲罕見。此 2 種坊肆刻書目錄的問世，標誌著福建坊刻鼎盛時代的到來，具有極爲重要的時代特徵、地域特徵，也是考求明代坊刻情況的一手資料，具有極高的文獻價值。本文以（景泰）《建陽縣志續集·典籍》與（嘉靖）《建陽縣志·圖書》2 種爲例，對明代的坊刻情況進行大致的探討。

（一）（景泰）《建陽縣志續集·典籍》

1. （景泰）《建陽縣志續集·典籍》的作者及版本

（景泰）《建陽縣志》修於明景泰四年（1453），有福建林院藏本〔註57〕。該志總裁爲趙文。趙文，建陽人，鄉貢進士〔註58〕。

弘治間袁銛又續修（景泰）《建陽縣志》一卷，「名繼前志，實則體例各殊」〔註59〕，「典籍」爲其中之一。袁銛，字時敏，成化二十二年（1486）舉廣東電白知縣。後建陽知縣區玉因「前志已逾五十載，版皆湮沒，書亦鮮傳，遂令照原本重刊」〔註60〕，亦將袁銛續修者附入。

該志有天一閣藏明弘治十七年（1504）刻本，半頁十一行，四周雙邊，雙魚尾，大黑口。《宋元明清書目題跋叢刊》據以影印。

〔註53〕按：參見朱睦㮮：《萬卷堂書目》卷二，《觀古堂叢刊》本。
〔註54〕（清）黃虞稷：《千頃堂書目》卷十，清文淵閣《四庫全書》本。
〔註55〕（清）黃虞稷：《千頃堂書目》卷十，清文淵閣《四庫全書》本。
〔註56〕（清）魯曾煜：（乾隆）《福州府志》卷七十二《簿錄類》，清乾隆十九年（1754）刊本。
〔註57〕《福建省地方志普查綜目》，第 50 頁。
〔註58〕黃葦主編：《中國地方志詞典》，第 634 頁，合肥：黃山書社，1986 年。
〔註59〕（清）永瑢：《四庫全書總目》卷七十三《史部二十九》，北京：中華書局，1965 年。
〔註60〕吉林省圖書館學會：《閩志談概》，第 187 頁，吉林省地方志編纂委員會，吉林省圖書館學會，1987 年。

2.（景泰）《建陽縣志續集・典籍》的編纂體例

（景泰）《建陽縣志續集・典籍》前有序，記建陽書板的保存情況以及《典籍》一門的著錄情況：「紀其所有者，而不全者止錄其目。」〔註61〕後爲正文，首列「制書」類，後分經史子集 4 類，又設「雜書」1 類，著錄類書、筆記小說、地理書、韻書、工具書、醫書等各類書籍。該目總分 6 部，著錄建陽坊刻書籍 174 種。其「制書」類下依皇帝（皇后）又分 5 類。

該目著錄書名、篇（卷）數、朝代、作者信息（按：籍貫、姓名、職務及其他著作等）、版本流變及卷次結構、板片存佚全缺等情況。其體例如：

集

　　《孟浩然詩》三卷。缺。

　　《三蘇文集》七十卷。蘇洵十一卷，蘇軾三十二卷，蘇轍二十
　　七卷。

　　《東坡詩集》二十五卷。舊毀，同知周時中新刊。

（景泰）《建陽縣志續集・典籍》的類目設置及各類著錄數量詳見下表：

部　　類	二級類目
制書 25	太祖皇帝 10
	太宗皇帝 12
	仁孝皇后 1
	宣宗皇帝 1
	憲宗皇帝 1
經書 19	
史書 19	
子 18	
集 56	
雜書 37	
6 部	174 種

3.（景泰）《建陽縣志續集・典籍》的著錄特色與價值

作爲刻書目錄，（景泰）《建陽縣志續集・典籍》對書籍版本項的著錄較爲強調。其中有對板片存亡全缺的情況的著錄，如「《南史》八十卷。今板毀」，

〔註61〕 （明）袁鉉：（景泰）《建陽縣志續集・典籍》，明弘治十七年（1504）刻本。

「《唐詩粹》十二卷。劉斌編注。板不存」，「《劉靜脩文集》二十二卷。元劉因撰。缺多」等。亦有對版本及刻板人、刻板時間的直接著錄，如「《東坡詩集》二十五卷。舊毀，同知周時中新刊」，「《事文類聚》共二百二十卷。原板缺，弘治十七年知縣區玉重刊」等，爲考證書籍的版刻流傳提供了直接線索。

該目史類基本爲正史、通鑒等書籍；雜書類總著錄書籍 37 種，其中有醫書近 20 種。這些情況體現出建陽書坊的刻印傾向，也其時社會需求的反映。

（景泰）《建陽縣志》爲建陽縣志之肇始。《宋元明清書目題跋叢刊·影印說明》稱該書「內載書坊刻書一百七十九種之書名、卷數、作者姓名，間注板片存佚。爲建陽諸志中書坊著錄較爲完備者」〔註62〕。

（正德）《建陽府志》卷首有明朱凌、趙文等所撰《建陽縣志序》、《凡例》。

朱凌序論及志書的性質，稱「志，史氏之遺也」。論及方志的編纂特點，稱「志，志邑也，貴該而博，或失則繁；貴質而當，或失則俚」。

趙文序認爲「郡邑之有志，邦國之有史，志、史之名雖殊，所以記其事者，則一而已」。認爲二者淵源皆肇自西漢之馬《史》班《書》。又論及志書作用，認爲志可徵文獻，可資傳信，「示世行遠，不可少也」。《凡例》論及修志事項，關於志書記載範圍，稱「凡志之作，所以記其事，有關於山川、人物、政教、風俗者，無論鉅細，皆所當記也」，即方志應無所不載。又認爲縣志之載，與《一統志》及通志所載皆有區別：「《一統志》紀天下之事，其志不得不略；通志紀一省之事，與夫《建寧府志》紀一郡之事，雖已加詳，亦豈能盡載而無遺乎？」故「增其所未及，而補其所未備」，正確處理縣志、《一統志》、通志之關係〔註63〕。以上種種是趙文等人目錄學思想的陳述，可稱眞見卓識。

（二）（嘉靖）《建陽縣志·圖書》

1.（嘉靖）《建陽縣志·圖書》的作者與版本

（嘉靖）《建陽縣志·圖書》纂修於嘉靖二十四年（1545），作者爲馮繼科等人。馮繼科，字肖登，嘉靖間番禺人，建陽縣令，刻印過季本《說理會篇》16 卷。

〔註62〕（景泰）《建陽縣志續集·典籍》影印說明，《宋元明清書目題跋叢刊》，北京：中華書局，2006 年。

〔註63〕按：以上內容參見黃葦等編纂：《中國地方志詞典》第 634 頁，合肥：黃山書社，1986 年。

該目有明嘉靖刻本，白口，雙魚尾，半頁八行，四周單邊。《天一閣方志選刊》、《宋元明清書目題跋叢刊》據以收錄，《宋元明清書目題跋叢刊》稱《書坊書目》。

2.（嘉靖）《建陽縣志‧圖書》的編纂體例

該目前有序，記編目之由。下設「儒學尊經閣書目」、「書坊書目」2 類，總著錄書籍 460 種。其中「儒學尊經閣書目」下分 4 櫥，著錄 78 種；「書坊書目」下依書籍性質分 8 類，著錄 382 種。

4 櫥官書中，文字號櫥皆爲頒降書，後 3 櫥爲嘉靖十六年（1537）教諭章悅捐資所購書坊板 68 種，包括翻刻的頒降書 9 種（按：即文字號櫥中除《諸佛名稱歌曲》之外的《孝順事實》、《爲善陰騭》、《四書大全》、《易經大全》、《書經大全》、《詩經大全》、《春秋大全》、《禮記大全》9 種）。

該目僅著錄書名，偶有版本，間附解題。其體例如：

　經書

　巾箱《易本義》。

　諸史

　《遼史》。……《金史》。已上六史今反俱廢。〔註64〕

（嘉靖）《建陽縣志‧圖書》的類目設置及各類著錄數量詳見下表：

部　類	二級類目	備　註
儒學尊經閣書目 4 櫥 78 種	文字號 10	頒降書
	行字號 38	嘉靖十六年丁酉（1537）教諭章悅捐資所購書坊板 68 種，包括翻刻的頒降書 9 種。
	忠字號 15	
	信字號 15	
書坊書目 8 類 382 種	制書 24	
	經書 47	
	諸史 44	
	諸子 23	
	諸集 46	
	文集 88	
	詩集 35	
	雜書 75	
2 類	460 種	總　計

〔註64〕按：「反」當爲「板」。

3.（嘉靖）《建陽縣志・圖書》的特色與價值

分類方面，（嘉靖）《建陽縣志・圖書》將政書、類書、韻書、文選、家禮、筆記、小說、字書、蒙書、詩文集、理學（諸子）、文評等書籍皆置於「諸集」之內，而「雜書」內亦有地理書、類書、醫書、釋、道、算法、樂府等，設類較爲粗陋。

（嘉靖）《建陽縣志・圖書》先將官書與書坊書分作兩類，「先列尊經閣所藏，尊王制也」〔註65〕。再將分櫥與依書目性質分類結合併用，且採用千字文編號法編號書櫥，是對多種分類依據的綜合併用，具有鮮明的個性色彩。

著錄方面，（嘉靖）《建陽縣志・圖書》對絕大多書籍皆僅著錄書名，僅於書坊板中著錄了3處特殊版本，爲「巾箱《易本義》」、「官板《四書集注》」、「巾箱《四書集注》」。又有1處著錄了板片的保存情況，爲「《遼史》……《金史》。已上六史今反（板）俱廢」。又於「儒學尊經閣書目」下著錄了書籍來源，「四櫥並頒降之外諸書皆嘉靖丁酉教諭章悅捐資購置」。又於文字號櫥末著錄整修書籍的過程及版本「已上俱係頒降書。庚子歲秋雖已修整，但冊帙重大，不便檢閱，依數再制書坊刊本，但歌曲無」。餘者皆未著錄相關信息，具有較強的登記性書目的性質。

該目著錄的書籍內容較爲複雜，經史子集之外有《南村輟耕錄》、《四十家小說》等小說，《事文類聚》、《事林廣記》、《初學記》等類書，《道門定制》、《心香妙語》、《佛門定制》等二家書，又多記理學書籍、《居家必用》等應用型書籍等，體現了書坊刻書的傾向與特色。

該目前有序，記編目之由，末稱「今麻沙雖毀，崇化愈蕃」〔註66〕，是記載明中期麻沙書坊火災及其後果的可靠史料。

清人郭柏蒼《竹間十日語》稱「弘治十二年十二月初四日將樂火災，直至初六，郡署廟學，延燒二千家；建陽書坊街，亦於是月火災，古今書版，皆成灰燼，自此麻沙板之遂絕」〔註67〕。吳世燈於《建陽書坊的衰落與四堡書坊的崛起》一文中質疑郭氏之語，引（嘉靖）《建陽縣志》所載「書市在崇化里，比屋皆是鬻書籍。天下客商販者如織，每月以一六日集」〔註68〕之語，

〔註65〕　（嘉靖）《建陽縣志・圖書・序》，明嘉靖刻本。
〔註66〕　（嘉靖）《建陽縣志・圖書・序》，明嘉靖刻本。
〔註67〕　（清）郭柏蒼：《竹間十日語》卷六，福州：海風出版社，2001年。
〔註68〕　（嘉靖）《建陽縣志》卷三《鄉市》，明嘉靖刻本。

又稱（嘉靖）《建陽縣志》「還著錄當時建陽書坊刻書書目」〔註69〕，認爲大火之後，「（麻沙、崇化）兩地刻書，不久即告恢復，並欣欣向榮」〔註70〕，吳氏此舉顯然是忽視了（嘉靖）《建陽縣志・圖書》序文末尾的記載，將火災之後崇化的繁盛看做麻沙、崇化二鎭皆繁盛，是對史實的曲解。

第二節　引用書目

一、引用書目的產生與發展概述

　　引用書目是將一書或多書中所引用之書輯錄出來形成的目錄，屬於特種目錄的一種，是目錄學史不可或缺的組成部分。

　　早在魏晉時期，葛洪《抱朴子・內篇》「遐覽」一卷便記載了大量的道教書目。唐孫思邈《備急千金要方》卷之一「大醫習業」提到了諸多學醫必讀書籍。這些內容雖未獨立成章，然其起到了保存文獻的作用，故可視爲引用書目的端始。有史可查的「引用書目」一詞最早出現在宋代。陳振孫《直齋書錄解題》著錄「《世說新語》三卷《敘錄》二卷……末記所引書目」〔註71〕，這是引用書目這一概念首次獨立出現。在此之後，引用書目陸續出現在各家著作中。宋人李廷允《太平御覽跋》稱「古書佚者多矣，遲任之言，南陔之義，已弗睹其全，託詩書以傳者止此爾，非幸歟？」〔註72〕可見其時學者已經認識到了引用書目在保存文獻方面的重要作用。引用書目在明清時期趨於成熟。《四庫全書總目》載明夏樹芳撰《奇姓通》十四卷，稱「……凡愼書所已採者，則竟標《升菴集》云云而不載引用書目，俱不免於踳駁也」〔註73〕，則清人對引用書目的價值已有普遍的認識。引用書目發展至清末民國，復衍生出「引書引得索引」這一新的目錄學分支。

　　程千帆、徐有富《校讎廣義・目錄編》第七章「特種目錄」第四節爲「引

〔註69〕 吳世燈：《建陽書坊的衰落與四堡書坊的崛起》，《2004 第十一屆國際出版學研討會論文集》，第 148 頁，武漢：湖北人民出版社，2005 年。

〔註70〕 吳世燈：《建陽書坊的衰落與四堡書坊的崛起》，《2004 第十一屆國際出版學研討會論文集》，第 148 頁，武漢：湖北人民出版社，2005 年。

〔註71〕 （宋）陳振孫：《直齋書錄解題》卷十一《小說家類》，北京：中華書局，1985 年。

〔註72〕 周生傑：《太平御覽研究》，成都：巴蜀書社，2008 年。

〔註73〕 （清）永瑢：《四庫全書總目》卷一三八《子部・類書類存目二》，北京：中華書局，1965 年。

用書目錄」，稱「引用書目錄是將某一著作或其注中所引用的書籍彙編而成的目錄，藉以考見其史源。這種目錄有為自己的著作編的，也有為他人的著作所編的」〔註74〕，認為引用書目的價值在於體現作者的專題研究水準、提供古籍整理、輯佚、校勘的資料以及考證古書的史料來源。馮方、王鳳華《引用書目發展述略》一文徵引了王重民、吳楓及來新夏諸位先生對引用書目的論述，指出引用書目之功用在於「以示徵引之繁富，以補藝文之遺漏」〔註75〕，學者可藉其「弄清文獻典籍的源流與變化」〔註76〕，可以「藉此考察此書的資料來源，並以表明引書的存佚」〔註77〕。

二、引用書目的多種稱謂

引用書目於歷代諸家著述中的稱謂不同，名目頗多。筆者稍作統計如下，以供參考：

稱　謂	例　　　　　舉
引用書目	清趙翼《文選注引書目》、《三國志注引書目》
引書目錄	明王圻《稗史彙編・引書目錄》
引用書目	明戴元禮《證治要訣・方訣引用醫書》，明邱濬《文公家儀節・引用書目》，明張之象《唐詩類苑・引用書目》，明梅鼎祚《書記洞詮・引用書目》，明馮復京《六家詩名物疏・引用書目》，明李栻《論語外篇・引用書目》，清張璐《張氏醫通・引用書目》，清葉其榛《女科指掌・引用書目》、清趙翼《太平御覽引用書目》
引證書目	清朱彝尊《兩淮鹽策書引證群書目錄》
考證書目	明李延罡《脈訣匯辨・考證書目》，清王賢《脈貫・考證書目》
引據書目	明李時珍《本草綱目・引據古今醫家書目》、《本草綱目・引據古今經史百家書目》
引用諸書	明高棅《唐詩品匯・引用諸書》
採用書目	明孫一奎《赤水玄珠・採用群書目》及《赤水玄珠・採用歷代醫學書目》，明梁子璠《增訂論語外篇・採用書目》
集用書目	明高武《針灸聚英・集用書目》、元伊世珍《琅嬛記・集用書目》

〔註74〕 程千帆、徐有富：《校讎廣義・目錄編》，第 298 頁，濟南：齊魯書社，2007年。

〔註75〕 王重民：《書古書目四種後》，《圖書館學季刊》第三卷第四期。

〔註76〕 吳楓：《中國古典文獻學》，第 166 頁，濟南：齊魯書社，1982 年鉛印本。

〔註77〕 來新夏：《古典目錄學淺說》，北京：中華書局，2003 年。

稱　謂	例　　舉
取用書目	清伍涵芬《讀書樂趣・取用書目》
合緝諸書	明施端教《唐詩韻匯・合緝諸書》
授引書目	明周珽《唐詩選脈會通評林・授引書目》；明唐汝詢《唐詩解・授引書目》
採撝書目	明焦竑《老子翼・採撝書目》、《莊子翼・採撝書目》，清朱彝尊《明詩綜採撝書目》
採撝諸書	明徐春甫《古今醫統大全・採撝諸書》
圖書綱目	《太平御覽經史圖書綱目》
敘錄	宋汪藻《世說新語・敘錄》
採用考索書目	明汪廷訥《人鏡陽秋・採用考索書目》

以上種種，稱謂不一，然其所指代各書的功用一致，皆爲著述所引用的參考書目。

三、引用書目的類型

（一）以輯錄者身份的不同為分類標準

從撰著者的身份來看，引用書目可分爲後人輯錄與作者自撰兩種。

一種是後人將前人著述中的徵引的文獻——或直引原文，或徵述觀點，或加以訓釋——輯錄出來、彙集成書目。這種引用書目具有文獻輯佚的意味。如《經籍會通》轉引有《容齋隨筆》記載的《意林》所引書目三十三種〔註78〕。經胡應麟考證，此 33 種之中，見存於《隋志》者僅十餘種，「蓋不過十之三」〔註79〕。南宋高似孫《緯略》卷九「劉孝標世說」一條著錄了劉注《世說》的引用書目 178 種，只錄書名，未加分類。這是現存最早的劉注《世說新語》引用書目。清人趙翼《廿二史札記》中輯有《文選注引書目》、《太平御覽引用書目》、《三國志注引書目》三種，張之洞稱其爲要，范希曾稱可以此三種補《隋志》所未備〔註80〕。另外，葉德輝著有《世說新語引用

〔註78〕按：參見胡應麟：《經籍會通三》。吳楓《中國古典文獻學》記爲三十一種，誤。《中國古典文獻學》第 167 頁，濟南：齊魯書社，2005 年。

〔註79〕（明）胡應麟：《經籍會通三》，《經籍會通（外四種）》，北京：北京燕山出版社，1999 年。

〔註80〕按：參見范希曾：《書目答問補正》第 165 頁，上海：上海古籍出版社，1983 年。

書目》，沈家本著有《古書目四種》，楊守敬著有《引用書目四種》，金德建著有《司馬遷所見書考》，北京大學研究所編著有《藝文類聚引用書目》〔註81〕、《太平御覽引用書目補遺》、《太平廣記引用書增訂目錄》等，皆是輯錄他書所引書目的著作。孫顯斌《古籍引書目錄淺說》〔註82〕一文附錄有《知見古籍引書目錄》，記載了清代以降學者所著之古籍引書目錄 21 種〔註83〕，哈佛燕京學社引得編撰處所編引書引得 14 種〔註84〕，其他今人所著索引、引書、引得諸書 28 種〔註85〕。

　　另一種則由作者親自編纂，或單獨成書，或成為著作的一個組成部分。明李延罡《脈訣匯辨》卷首有《考證書目》，明孫一奎《赤水玄珠》卷首有《採

〔註81〕　按：參見《國立北京大學二十五週年紀念研究所國學門臨時特刊》，1931 年出版。
〔註82〕　孫顯斌：《古籍引書目錄淺說》，《北京大學中國古文獻研究中心集刊·第六輯》，北京：北京大學出版社，2007 年。
〔註83〕　按：此 21 種分別為《太平御覽引目》、《太平廣記引用書目》、《太平廣記引用書籍增訂目錄》、《藝文類聚引用書籍目錄》、《唐宋類書引用書目》、《嘉業堂所藏永樂大典引用書目》、《永樂大典徵引用書目殘本》、《永樂大典內輯出之書目》、《引證群書目錄》、《文選李善注引用書目》、《一切經音義引用書目》、《齊民要術引用書目》、《世說注所引用書目》、《世說新語注引用書目》、《續漢書志注所引用書目》、《後漢書李賢注引書目》、《續漢志劉昭注引書目》、《後漢書志注引用書目》、《後漢書注引書考附三國志並注中引用書名》、《後漢書注引用書目》及《三國志注所引書目》。參見梁子涵編：《中國歷代書目總錄》特種書目之引用書目，臺北：中華文化出版委員會，1955 年。
〔註84〕　按：此 14 種分別為《儀禮引得附鄭注及賈疏引書引得》、《世說新語引得附劉注引書引得》、《太平廣記篇目及引書引得》、《水經注引得》、《太平御覽引得》、《文選注引書引得》、《春秋經傳注疏引書引得》、《禮記注疏引書引得》、《毛氏注疏引書引得》、《三國志及裴注綜合引得》、《漢書及補注綜合引得》、《周禮引得附注疏引書引得》、《爾雅注疏引書引得》及《後漢書記注釋綜合引得》。
〔註85〕　按：此 28 種為《太平御覽索引》、《五代史記注引書檢目》、《南唐書箋注引書表》、《齊民要術引用書目考證》、《慧琳一切經音義引用書索引》、《遊仙窟注引用書目索引》、《百子全書地名官職爵名引用書名索引》、《十三經經名篇名引用書名索引》、《水經注等八種古籍引用書目彙編》、《太平廣記引書引得補正》、《眞誥書名地名索引》、《古今圖書集成引用書目稿》、《北堂書鈔引書索引》、《初學記引書引得》、《太平廣記人名引書索引》、《中國高僧傳索引》、《藝文類聚引書索引》、《廣雅疏證引書索引》、《風俗通義人名引書索引》、《初學記索引》、《太平廣記人名引書索引》、《太平廣記索引》、《藝文類聚索引》、《史記三家注引書索引》、《事類賦注引書索引》、《太平廣記索引》、《史記索隱引書考實》及《六朝唐宋的古文獻所引道教典籍目錄·索引》。據《古籍索引概論》，潘樹廣，書目文獻出版社，1984 年；《中國索引綜錄》，盧正言，上海辭書出版社，2000 年。

用群書目》及《採用歷代醫學書目》，明高武《針灸聚英》卷首有《集用書目》等。這類引用書目有的數量不多，著錄相對簡單，以附錄的形式存在於著作的正文之前或之後，成爲讀者的參考資料。如明黃佐所著《南雍志》卷首羅列的引用書目中有《南雍舊志》一書，可知《南雍志》是黃佐在前人吳節《南雍舊志》的基礎上加以增訂而成。

而一些大部頭的類書、叢書的引用書目由於數量規模龐大，系統完整，甚至可以形成獨立的著作。清人朱彝尊著有《兩淮鹽策書引證群書目錄》、《明詩綜採摭書目》。《兩淮鹽策書引證群書目錄》又名《兩淮鹽策書引證書目》，乃朱彝尊所著《兩淮鹽策書》所引用書目的輯錄，共 334 種。「此稿當爲成書時手草，先生年八十歲矣。書法老境，有自得之意」〔註86〕。《明詩綜採摭書目》又名《明詩綜採數書目》，收錄282種，記撰寫者、書名與卷數，是其所纂《明詩綜》的徵引書目。此二種皆單獨成書流傳。據業師杜澤遜教授考證，前者有「光緒三十四年黃陂陳毅傳抄上虞羅振玉藏嘉興唐翰題抄《潛采堂書目》本，藏於北京圖書館。宣統元年番禺沈氏刻《晨風閣叢書·潛采堂書目》本（作《兩淮鹽策書引證書目》），藏於北京圖書館、北京大學、清華大學等。清劉履芬抄《金風亭長書目》本，藏於北京圖書館。《石經閣叢書》抄本，藏於浙江圖書館」〔註87〕，後者有「宣統元年番禺沈氏刻《晨風閣叢書·潛采堂書目》本（作《明詩綜採數書目》），藏於北京圖書館、北京大學、首都圖書館等。清抄本，有馮登府跋，藏於北京圖書館。清劉履芬抄《金風亭長書目》本，藏於北京圖書館。《石經閣叢書》抄本，藏於浙江圖書館」〔註88〕。

（二）以著錄方式的不同為分類標準

從著錄方式上看，引用書目可以分爲解題性書目與著錄性書目兩種。

自劉向《別錄》之後，中國傳統目錄便出現了解題性書目與著錄性書目兩大流派。解題性書目或者小序解題兼備，或者有小序而無解題，或者有解題而無小序，記敘書籍的學術淵源，介紹書籍內容，對其進行學術評價，「論

〔註86〕 （清）馮登府：《兩淮鹽策書引證書目跋》，《兩淮鹽策書引證書目》卷末，《潛采堂書目》四之三，晨風閣刊本。

〔註87〕 杜澤遜、崔曉新：《朱彝尊著述續考》，《古籍整理研究學刊》，2009年第1期，第53頁。

〔註88〕 杜澤遜、崔曉新：《朱彝尊著述續考》，《古籍整理研究學刊》，2009年第1期，第54頁。

其指歸，辨其訛謬」、「窮源至委，究其流別」〔註89〕，即章學誠所謂「辨章學術，考鏡源流」者是也。著錄性書目則小序解題皆無，只著錄書名，間記卷數、作者、版本、版刻特徵、款式、成書時間、存佚完缺等書籍自身的情況，方便讀者檢索，工具性更強。

對作者自撰的引用書目而言，其根本屬性是某種已有著作的組成部分之一，其作用有如今日之「文中引用」、「文中注釋」、「參考文獻」等。展示作者的知識面、為讀者提供閱讀索引是作者在著作中羅列引用書目的直接動機。這一特定的編纂目的使得引用書目多為著錄性書目，少有解題。其中，有僅著錄書名者，如王圻《稗史彙編・引用書目》、邱濬《文公家儀節・引用書目》等。有著錄書名，間記作者、卷數者，如《本草綱目・引據古今醫家書目》、《引據古今經史百家書目》，朱彝尊《明詩綜採摭書目》、《兩淮鹽策書引證群書目錄》等。明代以降，隨著書目編纂的日益成熟，帶有解題的引用書目也時有出現。如嘉隆時徐春甫《古今醫統大全・採摭諸書》、萬曆時期高武《針灸聚英集用書目》等，皆於書名之下詳為解題，較之簡單著錄者則具有更為完善的學術價值。

在後人輯錄前人著作中的引用書目時，由於輯錄者動機的不同，並受古籍亡佚不存、殘缺不全、版本演變等客觀條件的限制，所輯錄出的引用書目也呈現出不同著錄形式。有著錄性書目，如胡應麟轉引《容齋隨筆》中記載的《意林》所引書目，由於是以筆記的形式記錄，重在保存名目而非考辨內容，故只羅列書名，於後文簡單著錄其出處，間或著錄作者。也有解題性書目，如沈家本《古書目四種》，「皆注某書首見某篇，詳加解題，考其作者，徵其存亡，明其源流」〔註90〕，成為後人輯佚、考據的重要資料來源。

四、明代引用書目的特點

引用書目在明代的發展呈現上升勢頭，不僅鞏固了其在傳統領域的特殊價值，更覆蓋到其他類別的圖書，體現出其傳統性、適用性與延續性。而其著錄內容與著錄形式的多樣化趨勢，又具有鮮明的時代更替性。

〔註89〕張舜徽：《中國文獻學》，第109頁，上海：上海古籍出版社，2005年。
〔註90〕劉奉文：《沈家本與〈古書目四種〉》，《古籍整理研究學刊》，1991年第6期，第35頁。

（一）橫向的適用性

宋之前的引用書目集中出現在類書、注書、辭書、傳記、雜抄等特定範圍〔註 91〕，而到了明代，引用書目的存在範圍已經覆蓋了經、史、子、集四部，爲更多的學術領域所採用。例如，經部有馮復京《六家詩名物疏・引用書目》、丘濬《文公家儀節・引用書目》、沈守正《詩經說通・引用書目》、凌稚隆《春秋左傳注評測義・引用書目》等；史部有黃佐《南雍志・引用書目》、倪輅《南詔野史・引用書目》、顧清《松江府志・引用書目》等；子部有李栻《論語外篇・引用書目》、梁子璠《增訂論語外篇・採用書目》、胡應麟《經籍會通・引用書目》、王圻《稗史彙編・引用書目》、焦竑《老子翼・採摭書目》、《莊子翼・採摭書目》、李時珍《本草綱目・引據書目》、戴元禮《秘傳證治要訣及類方・方訣引用醫書》、李延罡《脈訣匯辨・考證書目》、孫一奎《赤水玄珠・採用群書目、採用歷代醫學書目》、高武《針灸聚英・集用書目》、徐春甫《古今醫統大全・採摭諸書》等；集部有高棅《唐詩品匯・引用諸書》、張之象《唐詩類苑・引用書目》、周珽《唐詩選脈會通評林・授引書目》、唐汝詢《唐詩解・授引書目》、梅鼎祚《書記洞詮・引用書目》、施端教《唐詩韻匯・合絹諸書》等。

產生這種變化的外部條件主要有二。其一，明代著述數量劇增，同時也伴隨著雕版印刷技術的日趨成熟與普及，故而書籍的傳播範圍變得更加廣泛，書籍的獲取較之前代亦更爲方便。作者於著述時有更多條件獲取參考書籍。其二，醫書、類書、詩文集的纂修在明代蔚然成風，成果眾多。而此類書籍的纂輯勢必需要徵引大量的書籍。故而明代的引書目錄出現於醫書、類書或文集之中的數量較多。

（二）縱向的時代性

宋代之前的引用書目多散入群書內容之中，需後人匯輯整理。這種形式在明代也有所保存發展，如胡應麟《經籍會通》稱引《容齋隨筆》中記載的《意林》引用書目一例，便是於行文中帶出。然而在此形式之外，明人也延續了《太平廣記》每卷之末輯錄引用書目的形式，紛紛有意識地將自己著作中引用到的書目輯出、使其以獨立章節的形式置於卷末或卷首。擁有獨立標題及獨立存在形式的引用書目在明代成爲一種普遍現象。

〔註91〕按：參見孫顯斌：《古籍引書目錄淺說》一文，《北京大學中國古文獻研究中心集刊・第六輯》，第 267 頁。

明代前期，從著作行文中獨立出來的引用書目往往被置於著作之末，或以附錄形式存在，如洪武時戴元禮所著《證治要訣・方訣引用醫書》。成化以降，引用書目逐步走向成熟，其方便讀者瞭解著作的功用備受關注，因而被提置卷首，或列於總目之後，如高武所撰《針灸聚英・集用書目》等，或列於序言之後，如丘濬《文公家儀節・引用書目》、焦竑《老子翼・採摭書目》、《莊子翼・採摭書目》、顧清《松江府志・引用書目》、沈守正《詩經說通・引用書目》、凌稚隆《春秋左傳注評測義・引用書目》、梁子璠《增訂論語外篇・採用書目》等，或列於爵里之後，如唐汝詢《唐詩解・授引書目》等，或列於凡例之後，如高棅《唐詩品匯・引用諸書》、張之象《唐詩類苑・引用書目》、周珽《唐詩選脈會通評林・授引書目》、梅鼎祚《書記洞詮・引用書目》、黃佐《南雍志・引用書目》、馮復京《六家詩名物疏・引用書目》、孫一奎《赤水玄珠・採用群書目、採用歷代醫學書目》等。嘉靖至萬曆年間為明代引用書目的發展鼎盛期，無論數量還是著錄水平都達到了一個高峰，出現了將其列入卷一、使之正式成為著作主體部分之一的著作，如王圻所撰《稗史彙編・引書目錄》、徐春甫所撰《古今醫統大全・採摭諸書》，李時珍所撰《本草綱目・引據書目》等。由上可見，引用書目的文獻學價值在明代越來越被重視，從早期的零星出現、模糊著錄、附於書後的情況，發展到中晚期時數量激增、著錄形式趨於完善，引用書目獨特的目錄學地位在明代日漸清晰。

綜上可知，引用書目在明代不僅數量大幅增加、覆蓋範圍更廣，其目錄學地位亦日益提升。下文將以《針灸聚英集用書目》、《古今醫統大全・採摭諸書》、《書記洞詮引用書目》與《六家詩名物疏引用書目》四種體例較為完整的引用書目為例，對引用書目在明代的發展概況與成就展開大致的探討。

五、高武《針灸聚英集用書目》

（一）《針灸聚英》的成書、版本與編纂體例

《針灸聚英》，又稱《針灸聚英發揮》，為明代高武所撰醫書，論述了人體的臟腑經絡穴位以及相應各病的針、灸之法，兼記各醫家歌賦。

《四庫全書總目》子部醫家類存目、《兩淮鹽政李續呈送書目》皆收錄該書，為六本。《續修四庫全書》子部醫家類收錄嘉靖八年（1529）初印本。《存目叢書》子部醫家類據中醫科學院藏明嘉靖十六年（1537）陶師文刻本五卷

影印收錄。《針灸聚英》現存各本同出一源。業師杜澤遜教授於《四庫存目標注》中對該書版本有所考據：

> 中醫科學院藏明嘉靖十六年陶師文刻本，五卷。《存目叢書》據以影印，浙醫大亦有是刻，此與《針灸節要》合刻。日本寬永十七年（明崇禎十三年）刻本五卷，與《針灸節要》三卷合刻。北大，南圖藏。日本正保二年武邨市兵衛刻本五卷，與《針灸節要》三卷合刻，北大藏。日本刻本五卷，與《針灸節要》三卷合刻，北大藏。日本刻各本均作《針灸聚英發揮》。〔註92〕

《針灸聚英》卷首《總目》之後有《針灸聚英集用書目》，著錄 16 種，未分類。該目著錄書名、卷數，下作解題，對所引之書的作者（按：身份、年代、籍貫等）、成書經過、得名緣由、刊刻流傳情況、內容、卷次結構等做了較爲詳細的介紹，對後世訛託的情況加以辨正，同時也闡述了自己的學術觀點。

（二）《針灸聚英集用書目》的著錄特色與價值

《針灸聚英集用書目》中採用了「互著」法。該目有《難經》、《素問內經》二種，其下皆稱「見《節要》」。則是於《針灸節要》部分已經作有詳細介紹的內容，於此則不再贅述。既體現了二書合刻的原始面貌，又使著錄簡要，避免了解題的重複繁瑣。

《針灸聚英集用書目》中收錄了僞書，體現了對僞書學術價值的認識。該目於《子午經》一書解題內稱「後人依託扁鵲者」；又於《明堂針灸圖》解題內稱「亦後人所依託者」。高武既知此二書爲後人僞造，但同時亦認可二書的學術價值並予以採用。不因僞廢書、同時點明書籍之僞，是較爲公正、理智的學術態度。

此外，該目著錄有《存眞圖》一卷。解題載「崇寧間泗州刑賊於市。郡守李夷行遣醫並畫工往，親決膜摘膏肓，曲折圖之，盡得纖悉。介校以古書，無少異者」。《存眞圖》即爲楊介在李夷行此圖的基礎上參照古本增添十二經脈圖而成，又稱《存眞環中圖》。其解題又載「王莽時，捕得瞿義黨王孫慶，使太醫尚方與巧屠共刳剝之，量度五藏，以竹筳道其脈，知所終始，可以治病，亦此意」。兩相參照，則是對中國解剖學史料的彙集保存。

〔註92〕杜澤遜：《四庫存目標注‧集部九‧總集類二》，第 1622 頁，上海：上海古籍出版社，2007 年。

六、徐春甫《古今醫統大全‧採摭諸書》

（一）《古今醫統大全‧採摭諸書》的作者、版本及編纂體例

　　《古今醫統大全》又稱《醫統大全》，爲明嘉靖間徐春甫所著的綜合性醫書。徐春甫，字汝元，安徽祁門人，師從名醫汪宦，曾於太醫院任職，著有《古今醫統大全》、《內經要旨》、《醫學捷徑》、《婦科心鏡》、《痘疹洩密》等。

　　《古今醫統大全》成書於嘉靖三十五年（1556），次年爲古吳陳長卿付梓刊行，一百卷。又有隆慶四年（1507）本，又有日本明歷三年（1657）翻刻金陵唐氏本、萬治間刊本等。該書卷首有《採摭諸書》，未分類，著錄引用書籍 275 種。該目著錄書名，下作解題，對各書的作者（按：年代、籍貫、身份、生平、其他著述）、卷（篇、部）數、成書過程、版本流傳、卷次結構、內容大概、存佚情況、訛託情況、同書異名以及他人的相關評述、敘錄序跋等皆有著錄，對書籍的學術價值亦有自己的評述。

（二）《古今醫統大全‧採摭諸書》的著錄特色與價值

　　該目對《五經注疏》中的醫學內容作有評述。該目著錄有《五經注疏》一種，解題稱：「中有關醫藥者，《左傳》居多。明陰陽之理，惟《易》爲最。故云：不知《易》者，不足以爲太醫。」該處不僅點明了《左傳》與《易經》的醫學偏重，更是徐春甫自身醫學觀念的表達。中醫與《易經》乃至道家自古以來便有著千絲萬縷的聯繫，其義理自有相通之處。徐春甫認爲醫學從業者需對《易經》義理融會貫通，方可明悟醫學之理。

　　該目將叢書的作者分別著錄。《古今醫統大全‧採摭諸書》收錄有東垣先生李杲編纂的醫書合集《東垣十書》。該書收錄醫書十種，其中唯《脾胃論》、《內外傷辨》、《蘭室秘藏》、《湯液本草》四種爲李杲所著。其餘六種，《溯洄集》爲王履著，《格致餘論》、《局方發揮》爲丹溪（按：朱彥修）著，《此事難知》爲王好古著，《外科精義》爲齊德之著，《脈訣》爲張紫陽著。此十種醫書爲李杲編輯成叢書，且冠以《東垣十書》之名，難免給讀者造成此爲李杲醫書合集的誤解。徐春甫於《採摭諸書》中將此十種的作者一一交代，保證了書目的嚴謹性。

　　《古今醫統大全‧採摭諸書》雖爲書目，然未曾分類，體例難稱完備。而其將子書、史書、四十家小說三類與其他各書的單行本並置的做法於書目編纂體例上更是難以稱善。

七、梅鼎祚《書記洞詮引用書目》

（一）《書記洞詮》的作者、版本及編纂體例

《書記洞詮》一百十六卷。明萬曆間梅鼎祚編纂的書籍總集。

梅鼎祚，字禹金，宣城人。長於古學，精於詩文，與王世貞遊，著有《古樂苑》、《唐樂苑》、《衍錄》、《書記洞詮》等。《四庫全書總目》認爲《書記洞詮》一書雖廣徵博採，然甄別不善：「先是，楊愼編《赤牘清裁》一書，自左氏至六朝，僅八卷……仍楊愼之舊，起周、秦，訖陳、隋，凡長篇短幅，採錄靡遺，卷帙幾十倍於楊，而眞贗並收，殊少甄別。」〔註93〕

業師杜澤遜教授《四庫存目標注》收錄《書記洞詮》一書，並述其版本：

> 見於：《總目》、《武英殿第一次書目》、《江蘇採集遺書目錄》、《浙江省第四次汪啓淑家呈送書目》、《浙江採集遺書目錄》。

> 蘇州市圖書館藏明萬曆二十五至二十七年玄白堂刻本，作《書記洞詮》一百二十卷，《目錄》十卷。其中卷一百十七至一百二十原注「未刻」。前有引用書目。〔註94〕

《書記洞詮》前有《引用書目》，分「經史譜錄傳狀」（189 種）、「方輿志記」（27 種）、「諸子說家」（58 種）、「類書文集」（76 種）、「韻學書畫」（57 種）、「釋」（52 種）、「道」（25 種）7 類，著錄書籍 484 種。

該目著錄較爲簡單，僅記作者、書名，並採用了將作者置於書名之前的著錄方式，如「班固《漢書》」、「司馬彪《九州春秋》」、「陳壽《三國志》」等。間或著錄作者、書籍的出處、見載於他書的同書異名情況、同名書以及對書名的解釋等內容。

（二）《書記洞詮引用書目》的著錄特色

其一，該目附錄了所引之書的同名書。該目載錄「華廙《善文》」，下稱「杜預亦有」。又著錄「《婦人集》」，下稱「顏竣、殷淳、徐勉並有」。這種著錄方法與王圻《續文獻通考·經籍考》類似，省卻了重複著錄的繁瑣。

其二，該目對同書異名的情況多有著錄。如「杜寶《大業拾遺記》」下稱

〔註93〕　（清）永瑢：《四庫全書總目》卷一百九十三《集部四十六》，清乾隆武英殿刻本。

〔註94〕　杜澤遜：《四庫存目標注·集部九·總集類二》，第 3516 頁，上海：上海古籍出版社，2007 年。

「《唐藝文志》作《雜記》」,「余知古《諸宮遺事》」下稱「一作『故』」,「劉斧《摭遺》」下稱「《紺珠集》作《拾遺》」等。其將異名出處一併標注的做法,為後世考證書籍的版本流傳提供了線索。

八、馮復京《六家詩名物疏引用書目》

(一)《六家詩名物疏》的作者、內容與版本

《六家詩名物疏》,明萬曆間馮復京撰。

馮復京,字嗣宗,江蘇常熟人。家富藏書,強學博記,少治《詩》學,用力甚深。著有《遵制家禮》、《常熟先賢事略》、《六家詩名物疏》等。

《六家詩名物疏》為廣宋蔡卞《毛詩名物解》而作。分釋天、釋神、釋時序等 32 類,詮釋《毛詩》、《齊詩》、《魯詩》、《韓詩》、鄭玄《毛詩箋》、朱熹《詩集傳》6 家詩學著述中約 1300 種名物。該書徵引廣博,對所列名物一一加以訓解,附以考證,以按語形式列出。

《六家詩名物疏》有萬曆三十三年(1605)刊本。浙圖藏殘本,北圖、南圖有全本,皆稱「六家詩名物疏五十五卷提要三卷」。華東師大、吉林大學、西北大學、四川大學並藏。文淵閣《四庫全書》收錄該書 55 卷,亦為殘本。《四庫全書總口》誤稱 54 卷,又誤認作者為馮應京。崔富章《四庫提要補正》對此有所辨證,可供參考〔註95〕。

(二)《六家詩名物疏引用書目》的編纂體例與特色

文淵閣《四庫全書》所收殘本《六家詩名物疏》前有《引用書目》,分經、史、子、(集)(按:有闕)4 部,著錄書籍約 559 種(按:有闕)。其類目設置及各類著錄數量詳見下表:

部　類	二級類目	備　註
經 13 類 238 種	詩 60	
	周易 7	
	尚書 11	
	禮 33	
	樂 10	

〔註95〕按:參見崔富章:《四庫提要補正》,第 100 頁,杭州:杭州大學出版社,1990年。

部　類	二級類目	備　註
	春秋 17	
	孝經 2	
	論語 7	
	孟子 3	
	爾雅 14	
	小學 22	
	經解 11	
	讖緯 41	
史 6 類 115 種	正史 22	
	雜史 16	
	職儀 12	
	雜記傳 6	
	地志 55	
	譜系 4	
子 12 類 183 種	儒家 15	
	道家 17	
	法家 3	
	名家 1	
	墨家 1	
	縱橫家 1	
	農家 14	
	雜家 51	
	小說家 23	
	天文曆數 32	
	兵法 6	
	醫方 19	
集	總集 23	
	（下闕）	
4 部	559 種（不全）	總　計

該目僅記作者、書名，亦採用了將作者置於書名之前的著錄方式，與《書記洞詮引用書目》類似。如「王肅《毛詩注》」、「劉楨《毛詩義問》」、「徐鉉《草木蟲魚圖》」等。

馮復京於《六家詩名物疏引用書目》中，將《皇覽》、《修文殿御覽》、《藝文類聚》、《初學記》、《冊府元龜》、《太平御覽》、《玉海》等眾多大型類書皆歸入了「總集類」。明人林世勤注《駢語雕龍》，將類書依四部屬性加以區分，有「經部類書」、「史部類書」、「子部類書」、「集部類書」的說法。馮復京將類書統歸「總集」類的做法或與林氏同出一意。

第三節　辨偽目錄——以胡應麟《四部正訛》爲例

受宋元辨偽風氣的影響，明代的辨偽學成果較多。有宋濂《諸子辨》〔註96〕，梅鷟《尚書譜》、《尚書考異》等專門性的辨偽著作，亦有王世貞《讀列子》、《讀莊子》、《讀鬼谷子》，茅坤於《柳州文鈔》考辨《鬼谷子》等散見於各家學術筆記、著述、序跋之內的辨偽論述。這些成果雖然數量較多，然其辨偽的對象多爲諸子、《尚書》等某一特定領域的內容，且較爲零散，不成體系。至胡應麟《四部正訛》問世，則將辨偽的範圍擴大至四部，且於辨偽學史上首次產生了完整、體統的辨偽理論，具有空前的開創性意義。

本節以《四部正訛》爲主要研究對象展開探討，試圖對胡應麟的辨偽思想作大概的理清。

一、《四部正訛》的作者與版本

胡應麟，字元瑞，後改明瑞，號少室山人、石羊生。蘭溪人，幼能詩，少有文名，萬曆四年（1576）舉於鄉。然其厭惡科舉，屢試不第，乃「築室山中，構書四萬餘卷，手自編次，多所撰著」〔註97〕。胡應麟是明代著名的學者、藏書家，與屠龍、李維楨、魏允中、趙用賢並稱「末五子」，與朱睦㮮等人以學問交遊，關係甚密。

胡應麟博學精辨，目錄考據之學與楊愼、焦竑齊名。家築二酉山房，有

〔註96〕 按：亦有姚名達、林慶彰、王嘉川等人認爲宋濂此書非爲辨偽專著，而是宋濂的諸子學著作。茲供參考。

〔註97〕 （清）張廷玉：《明史》卷二百八十七《列傳第一百七十五》，清乾隆武英殿刻本。

《二酉藏書山房書目》，分經、史、子、集、類書五部著錄家藏書目，惜不傳
於世，惟其體例概況見載於《經籍會通》。著有詩文集《少室山房集》、詩論
專著《詩藪》、考證筆記《少室山房筆叢》等。《少室山房筆叢》四十八卷，
分正、續二集，收其考據著作。《四部正訛》成書於萬曆十四年（1586），收
錄於《少室山房筆叢》之中，爲胡應麟的辨僞學專著。《經籍會通》四卷乃《筆
叢》第一種，爲目錄學理論專著，論古來藏書存亡聚散之跡。《四部正訛》四
卷爲辨僞專著，考證古籍僞書。二書是胡應麟目錄學思想的精華所在，在明
代甚至我國整個目錄學史上都具有重要意義。

《四部正訛》的存世版本有二：

（一）萬曆四十六年（1618）新都江湛然刻本，三卷。《少室山房四集》、《少
室山房全稿》予以收錄。國圖，北大，上海，天津，山東，浙江，廣
東，四川。

（二）民國九年（1920）番禺徐紹棨彙編重印本。《廣雅書局叢書》之一。國
圖，中科院，北大，上海，天津，遼寧，甘肅，南京，湖北，四川。

二、《四部正訛》的編纂體例

廣雅書局刊本《少室山房筆叢》爲半頁十一行，行二十四字，四周單
邊，黑口，單魚尾。前有胡應麟自序，論述僞書的演變源流與危害，並述
《四部正訛》一書的編纂體例、內容及編纂目的。後分三卷，卷三十爲《四
部正訛上》，著錄 13 種，多爲經部書籍；卷三十一爲《四部正訛中》，著錄
20 種，多爲子部書籍；卷三十二爲《四部正訛下》，著錄 34 種，爲史部、
集部書籍。亦有歸類不妥之處，如《麻衣心法》爲道家著作而歸於卷上等，
不一而足。

《四部正訛》首列 28 種僞書，以之爲例論述僞書的情狀及來源。又於此
之後辨正僞書 67 種，四部之屬皆有涉及。

《四部正訛》的著錄體例爲首列書名，或有卷數、作者，後加辨正，間
有小字注語。其辨正之言或直接陳述，或以案語的形式提出，包括考辨書籍
的作者、創作年代、版本、流傳、價值、學術源流、他人的評價、胡氏的點
評判斷以及辨僞的動機等。其格式如下：

《文子》九篇。元魏李暹注。稱老子弟子，姓莘，葵丘濮上人。

自柳子厚以爲《駁書》而黃東發直以注者，唐人徐靈府所撰。余以

柳謂《駁書》是也，黃謂徐靈府撰，則失於深考。案：班《史·藝文志·道家》有《文子》九篇，注云：老子弟子，與孔子同時，而稱周平王問，似依託者，則漢世固以疑之（此注非劉向，則班固自注者。凡顏注，自另有「師古曰」三字）。及考梁《目》、隋《志》，皆有此書（《梁》十篇，《隋》十二篇，並見《隋書》中）。則自漢歷隋至唐固未嘗亡，而奚待於徐氏之偽？惟中有漢後字面而篇數屢增，則或李暹筆潤益於散亂之後歟（周氏謂平王是楚平王）。

《四部正訛》為胡應麟辨偽思想的結晶。其主要價值有二。其一是將書籍辨偽的範圍由單一的《尚書》、諸子等領域擴大至四部，其二是論述了偽書的歷史、造偽方式，提出了系統的辨偽理論及實踐可行的辨偽方法，使書籍辨偽從此成為專門的學問。

三、胡應麟的目錄學理論——兼議《經籍會通》

《四部正訛》為胡應麟的辨偽專著，而《經籍會通》則是其目錄學理論的結晶。下文以1999年北京燕山出版社本《經籍會通》為主要研究對象，結合《四部正訛》等胡氏著作，對胡應麟的目錄學思想加進行初步的探討。1999年燕山出版社本《經籍會通》以明萬曆十六年（1618）江湛然金華郡齋刻本《少室山房筆叢》為底本，參校影印清乾隆文淵閣《四庫全書》本及1964年中華書局重印之明萬曆本（按：該本與江本差異較大，當為他本）而成。

（一）《經籍會通》的編纂體例與價值

《經籍會通》前有萬曆十七年（1859）胡應麟所撰《經籍會通引》，敘述其撰寫《經籍會通》一書的緣由。稱校綜典籍之書，歷代皆有代表性著作，惟明無有，「概以義非要切，體實迂繁，筆研靡資，歲月徒曠耳」〔註98〕。故而奮起執筆，著成《會通》，以補時代之缺憾。後分四卷，每卷之前有序例。卷一述源流，可籍以考見明代之前的書籍數量變化及目錄學成就；卷二述類例，對歷代目錄學的分類體系演變做了詳細的敘述；卷三述遺軼，可稱為歷代書籍流散考；卷四述見聞，可稱為歷代聚書、刻書考論。

「述源流第一」者，自春秋戰國始，至宋元而止，記歷代書籍數量損益情況，並對書籍流散的原因進行了分析。胡應麟首先敘述了《前漢書》、《舊

〔註98〕　（明）胡應麟：《經籍會通》，第3頁，北京：北京燕山出版社，1999年。

唐書》、《新唐書》、《隋書》、《宋書》五種正史藝文志之間的承繼關係，褒貶其學術價值；又對正史之外的《崇文總目》、《中興館閣書目》、《續書目》及宋綬、尤袤、李淑、葉夢得等人的私家書目加以點評，認為私家書目雖著錄豐富，但闕漏尚多。對鄭樵《藝文略》、馬端臨《通考》二種，胡應麟則多有讚賞，稱「鄭氏《藝文》一略，該括甚巨，剖核彌精，良堪省閱」〔註99〕，然「通志前朝，失標本代，有無多寡，混為一途」，亦有其不足之處。對馬氏《通考》更是推崇備至，認為該書在傳統四部分類的基礎上又對書目類例細作劃分，并然有條，且考鏡各書源流宗旨，推明得失，「歷代墳籍瞭如指掌」，如若「因當時所有，例及亡篇，咸著品題，稍存故實」〔註100〕，便幾近完備了。

於此之後，胡氏簡述了各代書籍的數量增損情況及原因，認為時代流變，書籍損益聚散有常，無可避免。究其緣由，大致有二：其一乃在朝執政者雖有聚書之行為而無編目之意識。以唐代為例，雖政府於初期採取了購書、抄書、藏書內庫、董事於人等一系列聚書行為，但未有後續，原因便在於唐代君主所好者乃文詞翰墨，於經籍則為葉公之勢，故唐代僅在類書編纂方面的成就較為顯著。其二乃是書籍「十厄」。隋代牛弘有藏書「五厄」之說，胡氏在此基礎上復增五厄，即「大業」、「天寶（按：1999 年燕山出版社本誤作「無寶」)」、「廣明」、「靖康」、「紹定」，認為此「十厄」乃歷代書籍損佚之最大禍源。最後，在參校考訂歷代各家書目的基礎上，胡應麟總結出了西漢至宋淳熙中的歷代書籍大致數量，又輯錄了明代之前失傳的各家書目及歷代訪書目錄、歷代藏書家。

「述類例第二」者，首先敘述了經史子集四部書籍的時代發展源流：自夏商以前的經史不分，至漢代經書不著而史書興，至魏晉則經史分離；又周秦時子集不分，漢人不專子而集部興，唐宋人集愈繁，子遂析而入於集。又對劉歆《七略》、王儉《七志》、阮孝緒《七錄》、荀勗《新簿》及隋唐各家書目的類例加以敘述分析，指出了我國古代圖書分類自七部向四部的演變過程。今籍史以傳的最早書目當為劉歆所撰之《七略》，其類例大致為班固《漢志》所存。此外，荀勗、王儉、阮孝緒等目類例亦大致傳世，故可藉以觀察四部書籍的盛衰興替情況。

〔註99〕 （明）胡應麟：《經籍會通》，第 6 頁，北京：北京燕山出版社，1999 年。
〔註100〕 （明）胡應麟：《經籍會通》，第 6 頁，北京：北京燕山出版社，1999 年。

　　對於宋代的書目類例，則首先以李淑《邯鄲圖書志》與鄭寅《鄭氏書目》二種為例進行分析。李《志》於四部之外更列《藝術志》、《道書志》、《書志》、《畫志》四志，共八志十卷，號「圖書十志」。胡應麟認為李氏於四部之外又設的四《志》的做法同於阮孝緒獨立「佛」、「道」於四部外的行為，皆有「外篇」之意。然李《志》書、畫分列，有道書而無釋典，意不可揣。而《隋志》之後復依七部分類者，惟《鄭氏書目》一種而已。對於這一情況，胡應麟認為「大率李、鄭二家，但據所藏多寡為類，不求合前人也」〔註101〕。這也是明代私家書目在分類上的一大特色。此二家之後，復列《遂初堂書目》、《通志・藝文略》、《文獻通考・經籍考》等稍作述評。

　　陸深《江東藏書目》已佚，惟《序》尚存，胡氏錄其類例，指出其在分類上的不當之處，認可其首列御製及將類書獨立於四部之外的做法。在討論是否應當別錄「古書」一類時，胡應麟提出了自己的辨偽理論。胡氏認為古書當別而析之，附於經史子之下，「眞者以作之時為次，偽者以出之時為次」，不應混為一類。且胡氏認為偽書既偽，且性質模糊，難以歸類，故而當取《三墳》、《陰符》此類「及緯候等書，《亢倉》、《鶡冠》等子，總為『偽書』一類，另附四部之末，亦千古經籍家第一快」。對於《逸周書》、《穆天子》等似偽而眞的古書，胡應麟則強調：「雖多誇誕，然文字殊古，且未嘗有所依託，白當入傳注中。」又以鄭樵垢訾班固甚過為例，指出「凡著述最忌成心，成心著於胸中則顛倒是非，雖丘山之巨、目睫之近，有蔽不自知者」〔註102〕，強調了做學問者持心公正的重要性，體現出端正嚴肅的目錄學態度。

　　胡應麟以經解、編年、世史、實錄、譜牒、地志、字學、字法、方書、文選、文集、小說、類書的歷代卷帙數量變化為例，指出「凡經籍緣起皆至簡也，而其卒歸於至繁」〔註103〕，認為佛、道二家典籍自隋唐之後數量劇增，且本為方外之說，宜獨立於四部之外，分門別錄，指出書目的分類當根據實際情況而定，而非照搬古意。胡應麟認為杜佑《通典》、鄭樵《通志》、馬端臨《通考》三家為政書翹楚，可與經史相出入，然三家亦各自有所缺憾，難稱完備。最後，胡應麟提出書目可分為「錄一官（家）之藏者」、「通志一代之有者」、「並收往籍之遺者」三種。第一種為各私家書目之屬，第二種為正

〔註101〕　（明）胡應麟：《經籍會通》，第 22 頁，北京：北京燕山出版社，1999 年。
〔註102〕　（明）胡應麟：《經籍會通》，第 25 頁，北京：北京燕山出版社，1999 年。
〔註103〕　（明）胡應麟：《經籍會通》，第 25 頁，北京：北京燕山出版社，1999 年。

史藝文志之屬，第三種爲《古今書錄》、《群書會記》之屬。該類之末移錄王世貞所撰《二酉山房記》，乃世貞爲胡氏藏書所撰之序。

「述遺軼第三」者，依時代先後次序述列各家書目所存漢朝以降歷代亡佚之書，又錄書存而佚作者名姓者，又錄同名而異書者，又錄因書名奇特而不傳於世之先秦子書等。其中，指出馬端臨《文獻通考》蓋據晁公武、陳振孫二家書目編成，宋末諸家著作皆未見收錄，或因宋末兵亂未及拾掇之故。強調不可因這部分書未見收錄於《文獻通考》而斷爲僞書。

「述見聞第四」者，述歷代聚書、刻書情況。胡應麟稱魏晉以還，藏書家甚少，蓋雕版未出之故。宋世書目無過十萬者，明代書籍數量雖多，但購書仍不易，乃天時地利人和不致之故也。達官顯貴以聚書爲風氣，然不善管理，聚而不護，導致書籍損佚不堪；藏書家購書至勤至力，然不加利用，聚而不作；眞正愛書之人卻心有餘而力不足，皆甚爲可惜。胡應麟介紹了燕市、金陵、閶闔、臨安四大書市，吳、越、閩三大刻書地，永豐綿紙、常山束紙、順昌書紙、福建竹紙等印書用紙的各自情況，提出鑒別書籍等值的七大標準：本、刻、紙、裝、刷、緩急、有無。認爲「刻本十不當抄一，抄者十不當宋一，三者之中自相較，則又以精粗久近、紙之美惡、用之緩急爲差」〔註104〕。在刻本中，「閩中十不當越中七，越中七不當吳中五，吳中五不當燕中三，燕中三不當內府一」，對內府刻本極爲推崇。五種刻本之中自相較，則又以紙、印、裝爲論值標準。

認爲印刷術問世之前，書貴難得，故抄書者皆精於校讎，善本頗多，學者研讀亦精。五代之後，鏤板日盛，刻本易得，則誦讀校讎亦隨之趨於浮薄。而明代刻工工價貴重，故必精加校讎方才付梓，而抄本往往非急用之書，得之後亦往往束之高閣，故而訛舛甚多。「凡書市中，無刻本則抄本價十倍；刻本一出，則抄本咸廢不售矣」〔註105〕。

又論印書、刻書之地域差別，論述了雕版及活字的發展流變，肯定了印刷術的問世對於書籍傳播的重要意義。

提出「博洽必資記誦，記誦必藉詩書」，藏書只是前提，讀書著述方爲根本。認爲藏書家有兩種，其一「列架連窗，牙標錦軸，務爲觀美，觸手如新」，

〔註104〕 （明）胡應麟：《經籍會通》，第50頁，北京：北京燕山出版社，1999年。
〔註105〕 （明）胡應麟：《經籍會通》，第 50、51 頁，北京：北京燕山出版社，1999年。

乃「好事家」類；其二「枕席經史，沉湎青緗，卻掃閉關，蠹魚歲月」，乃「賞鑒家」也。

在論述藏書家藏書之時，胡應麟以鄭樵不識《三墳》、《師春》、《甘氏星經》、《正訓》等書爲例提出在藏書注重辨僞的重要性：「蓋藏書者好事之過，務多得以侈異聞，而僞者得乘隙欺之，不可不辨。」〔註106〕針對藏書一事，胡應麟推崇鄭樵的「求書八法」：即類以求，旁類以求，因地以求，因家以求，求之公，求之私，因人以求，因代以求。又引尤袤、司馬溫公、趙子昂等人嗜書、愛書、護書事蹟，強調愛護書籍的重要性。又呼籲朝廷組織纂修正史藝文志，「俟以三年之力，盡括四海之藏，然後大出石渠，東觀累葉秘書，分命儒臣編摩論次，勒成一代弘文之典」〔註107〕。

該卷之末，胡應麟錄盧陵《集古序》以證「書好而弗力猶亡也」，錄眉山《藏書記》以證「書聚而弗讀猶無聚也」，錄易安《金石志》以證「書好而聚，聚而必散，勢也，曲士諱之，達人齊之，益愈見聚者之弗可亡讀也」〔註108〕。

《經籍會通》「崛起於數千載之後，而尚論於數千載之前」〔註109〕，涉及聚書、藏書、編目、辨僞、校讎、考據、著述等多各領域，徵引博洽，知識點極多，乃胡應麟文獻學的集大成之作，然美玉微瑕，該書亦不免偶有訛舛。對其著述不當之處，沈德符《敝帚剩語》、王士禎《香祖筆記》、張文嵐《螺江日記》等書皆有駁正，《四庫全書總目提要》亦有指出，茲不贅述。胡應麟的目錄學思想上承《七略》、《新簿》，續接鄭樵，下啓章學誠，在明代乃至中國目錄學史上都佔有重要的地位。

（二）胡應麟的辨僞理論

胡應麟於《四部正訛下》中分六條總結了自己的辨僞理論。

其一，認可僞書的價值。胡應麟稱《關尹子》名理可味，《華子》文采可觀。認爲《文子》眞中有僞，《鶡冠》僞中存眞，皆非全僞。而《素問》精深，《陰符》奇奧，皆各有其價值所在。不可因其書有僞，便一錘定音，忽視其價值與優勢。

〔註106〕　（明）胡應麟：《經籍會通》，第54頁，北京：北京燕山出版社，1999年。
〔註107〕　（明）胡應麟：《經籍會通》，第57頁，北京：北京燕山出版社，1999年。
〔註108〕　（明）胡應麟：《經籍會通》，第60頁，北京：北京燕山出版社，1999年。
〔註109〕　（明）陳文燭：《少室山房筆叢序》，《少室山房筆叢》，第1頁，上海：上海書店出版社，2009年。

　　其二，認爲僞書造假，往往形似而神不似。僞書往往採用多用怪字、多注傳文等形式，以求掩蓋其僞造的本性。然而往往越貌似眞品者越僞，反之亦然，所謂「愈遠愈近，愈離癒合」〔註110〕者是也。

　　其三，認爲辨正一書是否爲僞造，可以從判斷作者入手。「覈僞書者，覈所出之人，思過半矣」〔註111〕。

　　其四，提出了著名的辨僞八法，稱「核之《七略》以觀其源，核之群《志》以觀其緒，核之並世之言以觀其稱，核之異世之言以觀其述，核之文以觀其體，核之事以觀其時，核之撰者以觀其託，核之傳者以觀其人」〔註112〕。辨僞八法爲胡應麟辨僞實踐的具體操作方法，成爲後世辨僞的技術參考。

　　其五，論述了四部之內的僞書情況，稱子部僞書最盛，次之爲經，次之爲史，而集部僞書很少。而經部之內的僞書，又以《易》爲最盛，緯候次之。史部僞書以雜傳記爲最盛，璅說次之。子部僞書以道家最盛，兵家及諸家次之。集部僞書則全僞者少，而以單篇僞造的情況居多。

　　其六，指出歷代書籍涉僞的各種情況。有全僞者如《三墳》、《關尹子》、《子華》、《素問》等。有眞錯以僞者如《列禦寇》、《司馬法》、《通玄經》等。有僞錯以眞者，如《黃石公》、《鶡冠子》、《燕丹子》等。有眞僞錯雜者如《管仲》、《晏嬰》等。有眞僞疑者如《元包》、《孔從子》、《潛虛》等。有殘書如《鬻熊》。有後補之書如《亢倉》等。有訛造之書如《繁露》等。以上種種，皆不可以僞書稱之。又有名僞而書不僞者如《素問》、《握奇》、《陰符》、《山海經》等。又有年代僞而書非僞者如《穆天子傳》、《周書紀年》等。

　　此外，胡應麟於《經籍會通》中對書籍辨僞又提出兩點建議。其一，認爲藏書應重辨僞，辨僞不可輕下判斷。胡應麟以宋末問世之書多未見於馬端臨《文獻通考》之事爲例，指出馬氏《通考》大率本之於晁公武、陳振孫二家書目。宋室南渡之後，兵馬戰亂紛多，其時之書或未及行世，故而不可僅因《文獻通考》未收而妄判爲僞。

　　其二，在討論是否應當別錄「古書」一類時，胡應麟認爲古書當別而析之，附於經史子之下，「眞者以作之時爲次，僞者以出之時爲次」，不應

〔註110〕（明）胡應麟：《少室山房筆叢》卷三十二《四部正訛下》，廣雅書局本。
〔註111〕（明）胡應麟：《少室山房筆叢》卷三十二《四部正訛下》，廣雅書局本。
〔註112〕（明）胡應麟：《少室山房筆叢》卷三十二《四部正訛下》，廣雅書局本。

混爲一類。且認爲僞書既僞，且性質模糊，難以歸類，故而當取《三墳》、《陰符》此類「及緯候等書，《亢倉》、《鶡冠》等子，總爲『僞書』一類，另附四部之末，亦千古經籍家第一快」。對於《逸周書》、《穆天子》等似僞而眞的古書，胡應麟則認爲「雖多誇誕，然文字殊古，且未嘗有所依託，自當入傳注中」〔註113〕

（三）胡應麟的藏書思想

　　胡應麟將藏書家分爲「好事家」與「賞鑒家」二種，強調了書籍編目的重要性，並呼籲明政府組織編纂正史藝文志：「俟以三年之力，盡括四海之藏，然後大出石渠，東觀累葉秘書，分命儒臣編摩論次，勒成一代弘文之典」〔註114〕。

　　胡應麟引尤袤、司馬溫公、趙子昂等人嗜書、愛書、護書事蹟，強調了愛護書籍的重要性。此外，又對圖書鑒別方法提出了參考性意見。胡應麟在牛弘「五厄」的基礎上又加五厄，將書籍毀於戰火的年限總結至宋紹定時期。這種說法的提出，標明胡應麟對搜求、保藏圖書困難的認識，亦爲學界同好提出了警示。在此基礎上，胡應麟提出鑒別書籍等値的七大標準：本、刻、紙、裝、刷、緩急、有無，且推崇鄭樵的「求書八法」：即類以求，旁類以求，因地以求，因家以求，求之公，求之私，因人以求，因代以求。這些求書方法的提出，是胡應麟自身藏書經驗的總結，正可映見胡應麟於單純的藏書活動之餘、對書籍進行了充分的瞭解與利用，是學者型的藏書家。

（四）胡應麟的編目思想

　　胡應麟認爲古今書目可分爲「錄一官（家）之藏者」、「通志一代之有者」、「並收往籍之遺者」三種。第一種爲各私家書目之屬，第二種爲正史藝文志之屬，第三種爲《古今書錄》、《群書會記》之屬。

　　此外，胡應麟贊同四部分類法，認爲四部之下應再加細化，以做到條理明晰，井然有序。提出圖書分類或可依照具體情況進行，而非強依古例：「大率李、鄭二家，但據所藏多寡爲類，不求合前人也。」〔註115〕這也是明代目錄學的一大特色。

〔註113〕　（明）胡應麟：《經籍會通》，第25頁，北京：北京燕山出版社，1999年。
〔註114〕　（明）胡應麟：《經籍會通》，第57頁，北京：北京燕山出版社，1999年。
〔註115〕　（明）胡應麟：《經籍會通》，第22頁，北京：北京燕山出版社，1999年。

對於釋、道二家書目的類例劃分，胡應麟認為二家典籍於隋唐之後數量劇增、且本為方外之說，故而應當獨立於四部而單獨設類歸置。

陸深《江東藏書目》已佚，惟《序》尚存，胡氏節錄之，且認可陸深在編目時首列御製以及將類書獨立於四部之外的做法，稱「子淵之《目》亦以經史子集為次，而特尊本朝聖製，分門另敘，亦似合宜」，「惟其類書另錄最當，與余《山房書目》同」〔註116〕。

胡應麟重視書目的解題，稱讚《文獻通考》「究極旨歸，推明得失，百代墳籍瞭如指掌」，認為解題應具有考鏡書籍源流、分析書籍義理得失的內容。在此基礎上，胡應麟並認為一部完整的書目還應「因當時所有，例及亡篇，咸著品題，稍存故實」〔註117〕，使問學者可得其門而入，從而體現出書目的指導性意義。

（五）胡應麟對鄭樵的批判性承繼

胡應麟對鄭樵的學術思想持以批判性承繼的態度。一方面，批評鄭氏因個人成見而對班固垢訾太過：「鄭漁仲誚班孟堅，漢武以前盡竊司馬遷書，不以為慚。此不足為班病，子長於《左傳》、《國策》固有全錄舊文者，要在各成厥體耳。鄭作《通志》，《禮略》全襲《通典》，《藝文略》率本《唐書》，亦以來後人之訕。」又指出鄭氏自蹈其失：「鄭漁仲於文史考核最精，《經籍略》後別著《校讎略》一卷，皆前人未發、後學當熟參者，然其失往往多自蹈之。」胡應麟以鄭樵過分垢訾班固一事為例，指出「凡著述最忌成心，成心著於胸中則顛倒是非，雖丘山之巨、目睫之近，有蔽不自知者」〔註118〕，強調了做學問者持心公正的重要性，體現出端正嚴肅的目錄學態度。

另一方面，胡應麟亦對鄭樵多有贊同，認為其《藝文略》「該括甚巨，剖核彌精，良堪省閱」，稱讚「為典章經制之學者，唐杜氏、宋鄭氏、元馬氏三書皆與經史相出入，非他類書比也」，「鄭《藝文略》外另有《圖譜》一略，蓋因王儉《七志》而廣之，其論亦精到可喜」〔註119〕等。胡應麟不僅對鄭樵增益、創新書目類例的行為與意義大加讚揚，且於其《二酉山房書目》的編纂中實踐了這一主張。

〔註116〕（明）胡應麟：《經籍會通》，第24頁，北京：北京燕山出版社，1999年。
〔註117〕（明）胡應麟：《經籍會通》，第6頁，北京：北京燕山出版社，1999年。
〔註118〕（明）胡應麟：《經籍會通》，第25頁，北京：北京燕山出版社，1999年。
〔註119〕（明）胡應麟：《經籍會通》，第27頁，北京：北京燕山出版社，1999年。

第四節　地方著述目錄——以曹學佺《蜀中廣記‧著作記》爲例

　　地方著述目錄爲通記一地著述的書目，其性質與方志藝文志性質較爲接近，乃至有學者將其稱爲方志藝文志的單行本〔註 120〕。明代的地方著述目錄中較爲著名的有曹學佺《蜀中著作記》與祁承㸁《兩浙著作考》兩種。本節以《蜀中廣記‧著作記》爲研究對象，對明代的地方著述目錄作出大致的探討。

一、《蜀中廣記‧著作記》的作者曹學佺

（一）曹學佺其人

　　曹學佺（1574～1647），字能始，號石倉，齋號有石倉、西峰、淼軒、雁澤、福廬、石倉園、夜光堂、浮山堂、雪桂軒、聽泉閣等。侯官人，萬曆二十三年（1595）進士，歷官南京戶部郎中、四川右參政、四川按察使、廣西右參議〔註 121〕。曹學佺是明代後期的著名學者、藏書家、文獻學家，與徐㷒、謝肇淛、李贄等人交遊。徐㷒稱其藏書「丹鉛滿卷，枕藉沉酣」〔註 122〕，李贄贊其爲「學道人」，四庫館臣稱其「博洽」、「著述甚富」。

　　曹學佺於四川任上撰有《蜀中廣記》一百八卷，卷九十一至卷一百爲《著作記》〔註 123〕。《蜀中廣記》共分十二記，各記的成書及付梓時間皆不一，互相獨立。《著作記》當完工於《通釋》、《風俗》、《詩苑》、《畫苑》等書之後〔註 124〕。

（二）汗竹齋是否為曹學佺的藏書屋

　　汗竹之齋號，學界有稱爲曹學佺者，有稱爲徐㷒者，今無定論。筆者經過考證，認爲汗竹齋實爲徐㷒之藏書屋，曹學佺或曾藉此齋以貯藏書。

〔註 120〕按：王欣夫《文獻學講義》稱《蜀中著作記》爲「地方藝文的專著」，爲「地方著述目錄不載方志而別爲專書的」。此外，又稱祁承㸁《兩浙著作考》、曹學佺《蜀中著作記》皆已失傳，當未考察未全之故。《文獻學講義》，上海：上海古籍出版社，2005 年。

〔註 121〕按：參見《明史》卷二八八《列傳第一百七十六》。

〔註 122〕（明）徐㷒：《紅雨樓文集‧曹能始石倉集序》，手抄本。

〔註 123〕按：關於《蜀中廣記》的成書年代，嚴正道考證爲萬曆四十二年（1614）。詳見《曹學佺〈蜀中廣記〉的成書及版本考略》一文。《四川師範大學學報（社會科學版）》，2013 年第 5 期，第 160 頁。

〔註 124〕按：參見傅增湘：《藏園群書經眼錄》卷五，北京：中華書局，1980 年。

　　陳彬龢，查猛濟編著的《中國書史》（1931 年）稱「閩縣徐㷿，字惟起，和曹學佺（字能始）把持閩中的壇坫，他所藏的書有數萬卷，放在汗竹巢裏，有《汗竹齋藏書目》」〔註 125〕。瞿冕良認爲陳國慶《古籍版本淺說》（1957 年）稱《汗竹齋書目》的編著者爲「陳學佺」之誤乃由此而起〔註 126〕，雖有臆斷之嫌，而陳氏之誤已明。其後，《來新夏書話》稱「曹學佺一生好學嗜書，搜集典籍數萬卷，貯藏在其藏書樓『汗竹齋』中，並自編《汗竹齋書目》」〔註 127〕，是亦爲失察。

　　查徐㷿有《題兒陸書軒》一則，明言「置小齋，名汗竹」〔註 128〕，則汗竹齋實爲徐氏所有。《中國藏書家通典》「徐㷿」條稱其「最初所藏達 53000卷，儲於『汗竹齋』中，並編有《汗竹齋藏書目》2 卷」，「藏書印有……『汗竹巢』……」〔註 129〕；杜信孚《同書共名通檢》稱「《汗竹齋書目》……清抄本。又名《紅雨樓書目》」〔註 130〕，是爲無誤。

　　此外，陳明利《著名藏書家曹學佺著述考略》一文引徐㷿《曹能始石倉集序》「曹氏藏書則丹鉛滿卷，枕藉沉酣。所藏數萬卷，儲於汗竹齋」語，稱曹學佺撰有《汗竹齋藏書目》〔註 131〕，亦爲誤辨。曹學佺與徐氏兄弟有世交之誼，又同主閩中詞壇，志趣相投，詩文唱和，狎遊甚密。詩文之餘，徐㷿與曹學佺又同好藏書，徐㷿的藏書屋「宛羽樓」便由曹學佺資助建成。二人友誼至晚年而彌篤，「世態誰青眼，交情已白頭。曹園賡和者，若個比應劉」〔註 132〕。汗竹齋爲徐㷿所有是爲無誤，則筆者認爲徐㷿「所藏數萬卷，儲於汗竹齋」之言當是指曹學佺將其藏書暫置於汗竹齋之意。

〔註 125〕陳彬龢、查猛濟編著：王雲五主編：《中國書史》，第 224 頁，北京：商務印書館，1931 年。

〔註 126〕按：瞿冕良稱陳國慶據《中國書史》誤認爲《汗竹齋藏書目》的作者是曹學佺，排版時又誤「曹」爲「陳」。參見《版刻質疑》第 120 頁，濟南：齊魯書社，1987 年。

〔註 127〕來新夏：《來新夏書話》，第 323 頁，臺北：臺灣學生書局，2000 年。

〔註 128〕（明）徐㷿：《題兒陸書軒》，參見馬泰來《新輯紅雨樓題記·徐氏家藏書目》，第 209 頁，上海：上海古籍出版社，2014 年。

〔註 129〕李玉安、黃正雨編著：《中國藏書家通典》，第 280 頁，香港：中國國際文化出版社，2005 年。

〔註 130〕杜信孚：《同書共名通檢（增訂本）》，第 92 頁，南京：江蘇人民出版社，1982 年。

〔註 131〕陳明利：《著名藏書家曹學佺著述考略》，《山東圖書館學刊》，2010 年第 1 期，第 102 頁。

〔註 132〕（明）徐㷿：《鼇峰集》卷十一，《續修四庫全書》，上海：上海古籍書店，2002 年。

二、《蜀中廣記·著作記》的版本

　　《蜀中廣記·著作記》爲《蜀中廣記》的一個組成部分，常以合刻本的形式流傳。《蜀中廣記》的現存版本有：

（一）明刻本。十行二十字，白口，四周雙邊。該本爲《蜀中廣記》的最早版本。國圖藏有一部，爲傅增湘舊物，現存 36 冊 91 卷。中 20、21 冊爲《著作記》，存卷之三至卷之八（按：卷之三爲史部，卷之四爲子部，卷之五爲內典部，卷之六爲地理志部，卷之七、卷之八爲集部）的內容。天一閣文物保管所藏一部，54 卷，原爲朱鼎煦「別有宅」藏本。該本卷首有「廣記目錄」，又有《神仙記》10 卷，爲他本所未有者，極爲珍貴。北京大學圖書館亦存一部，爲 22 卷。清華大學圖書館亦藏一部，中有《著作記》10 卷。

（二）民國廬江劉氏遠碧樓抄本（按：線裝）。上海。

（三）《四庫全書》本。該本爲《蜀中廣記》最常見的版本，卷九十一至一百爲《著作記》10 卷。其底本爲曹學佺手抄，爲兩淮馬裕家藏本〔註133〕。《宋元明清書目題跋叢刊》據以影印。

　　此外，祁承㸁《澹生堂藏書目》著錄有「《蜀中著作記》四卷，二冊，曹學佺」。《千頃堂書目》著錄有「曹學佺《蜀中著作記》十卷」。《明史》著錄有「曹學佺《蜀中著作記》十卷」。（乾隆）《福州府志》著錄有「曹學佺《蜀中著作記》十卷」。《傳是樓書目》著錄有「《蜀中著作記》十卷，明曹學佺，二本」。可知《蜀中著作記》是有單行本行世的。姚名達《中國目錄學史》稱「（《蜀中著作記》）乃（曹學佺）所撰《蜀中廣記·著作記》之單行本，凡 12 卷，殘本 4 卷，刊載於《圖書館學季刊》第 3 卷」〔註134〕。中山大學藏《蜀中著作記》（按：十卷，存五卷），爲《中國古籍珍本叢刊》之一。

三、《蜀中廣記·著作記》的編纂體例

　　《蜀中廣記·著作記》共分 10 卷，著錄書籍 767 種。《著作記》採用七

〔註133〕按：參見嚴正道：《曹學佺〈蜀中廣記〉的成書及版本考略》一文，《四川師範大學學報（社會科學版）》，2013 年第 5 期，第 164 頁。

〔註134〕來新夏、柯平主編：《目錄學讀本》，第 287 頁，上海：上海交通大學出版社，2014 年。按：週日蓉對姚名達的說法提出了駁斥，認爲此說疏於考證。詳見《方志藝文志「別本單行」例析——以〈蜀中著作記〉〈福建藝文志〉爲考察對象》，《圖書館理論與實踐》，2016 年第 11 期。

部分類法，經、史、子、集四部之外，卷五爲內典玄書部，著錄佛經、道經。卷六爲地理志部，著錄地理書、志書等。該目著錄作者（按：姓名、籍貫、生平等），書名，卷數（字數），間或著錄同書異名、刻板地、書籍內容、成書方式、全缺情況、得書經過、後世引用情況等，並輯錄各家序跋以爲解題。其體例如：

> 《周商瞿易》
>
> 　　班固曰：商瞿子木受《易》孔子，以授橋庇子庸，漢之施讎、
> 孟喜、梁丘賀、焦延壽、京房諸易家皆本之。

《蜀中廣記・著作記》的類目設置及各類著錄數量詳見下表：

部　　類	二級類目	總　　計
經部 90		
史部 95		
子部 85		
集部 303	（其他）238	
	集部・宦遊於蜀及蜀中所輯刻者 65	
內典、玄書 67		
地理志部 127		
6 部	767 種	總　　計

四、《蜀中廣記・著作記》的特色

（一）《蜀中廣記・著作記》的分類特色

　　《蜀中廣記・著作記》於四部之外設「內典・玄書」部，著錄釋、道二家經典 67 種（按：內典部分著錄佛經 42 種，玄書部分著錄道經 25 種）。曹學佺將該部與地理志部置於子、集二部之間，並爲六部。

　　《蜀中廣記・著作記》將釋道二家於四部之外單獨歸置的做法，保持了二家的宗教性，是目錄學家分類思想趨於成熟的表現。而其將志書獨立於史部之外的做法則是對《文淵閣書目》分類體例的繼承。地理志部著錄書籍 127 種，將其單置，既凸顯了明代志書纂修的盛況，又區分了史書與志書的學術價值。

（二）《蜀中廣記‧著作記》的著錄特色

1. 輯錄各家相關著錄而成解題

　　《蜀中廣記‧著作記》所引諸家敘錄涉獵十分豐富，有序跋、墓誌銘、注、書目、史書、筆記、小說、方志、文論、經論、叢書等一百多種。其中，經論有《石經始末記》，《尚書大傳》，《荀子注》等。史書有《史記》、《漢書》、《蜀志》、《北史》、《益都耆舊傳》、《華陽國志》、《後漢書》、《晉書》、《後唐史》、《宋史》、《檮杌》、《文獻通考》、《吳越春秋》、《三國志》、《宋史新編》、《唐書》、《陳子昂別傳》、《通志》等。書目有晁公武《郡齋讀書志》、陳振孫《直齋書錄解題》、《中興藝文志》、《崇文總目》、《隋書經籍志》、王象之《碑目》、《輿地碑目》等。志書有《安嶽志》、《新都志》、《涪志》、《古今記》、《蜀志補遺》、《（銅梁縣）志》、《太平寰宇記》、《蜀志補罅》、《（成都）人物志》、《成都古今集記》、《陵州志》、《保寧志》、《潼川志》、《蜀志》等。

　　引用各家著述之外，又多引序跋書信。有全文引用者，有節引者，亦有僅著錄序跋作者的情況。所引對象有各家自序、《元包》舊序、吳澄《序略》、魏了翁《答遂寧李侍郎書》、裴休序、司馬光自序、沙門若訥序、蘇元老序、袁休明《巴蜀志略》、王騰《辨蜀都賦序略》、范百祿《成都古今集記序》、費著《元成都志序》、朱繁《開漢志序》、《益部方物略記序》、李陽冰《李翰林集序》、魏顥序、李太白匯書跋、蘇舜欽《報韓維書》、歐陽氏序、李邦直序、陸游跋、周平園序略、文同序、《神道碑銘》、汪玉山序、景仁自序、葉水心序、曾景建序、魏鶴山序、魏了翁序、陳氏序《王右丞集》、歐陽炯序、杜確序等。

　　此外，又引有墓誌銘如《延澤墓誌》等。筆記、小說如《容齋隨筆》、《宣室志》、《丹鉛錄》、王氏《揮麈錄》、《東坡志林》、沈括《筆談》、《北夢瑣言》、《老學庵筆記》、《中嶽外史傳》、《閬州志》等。諸子如《桓子新論》等。文集如《蘇文忠集》等。文論如《文心雕龍》等。類書如《白氏六帖》等。叢書如《漢魏叢書》等。佛道如張君房《七籤》、《高僧傳》、《法苑珠林》、《元氣論》、《集仙記》、《神仙傳》、《神明傳》等。前人評語如李燾、班固、劉光祖、孫明復、吳草廬、葉夢得、黃山谷、蘇東坡、蘇轍、楊天惠、後村劉氏、朱晦庵、晁氏、喻汝礪等。

　　作為一部早期的輯錄體書目，《蜀中廣記‧著作記》於書目的編纂體例而言具有一定的開創性意義。姚名達有言：「按其體制，堪稱創作。前此之《史

略》、《授經圖》，後此之《經義考》、《小學考》，皆同一系，而微有不同。或徵引古書，述其撰人及內容；或確有此書，抄其序跋，所異於《經義考》者，惟未明標存佚耳。」〔註135〕

2. 全文抄錄了《諸葛氏集》的目錄

《蜀中廣記‧著作記》於「集部‧宦遊於蜀及蜀中所輯刻者」部分著錄有《諸葛氏集》二十四篇，全文抄錄了陳壽傳表與《諸葛氏集目錄》。《諸葛氏集》爲陳壽集結諸葛亮遺文而成的著作集，本名《諸葛亮故事》〔註136〕，共二十四篇，今多散佚。其目錄與陳壽傳表皆收錄於《三國志‧諸葛亮傳》中。《著作記》的全文移錄，爲後世研究諸葛亮著述保存了珍貴的線索。

3. 著錄了後世引用某書的情況

以該目對《古史考》的著錄爲例。解題稱：「蜀漢光祿大夫譙周撰。樂史《寰宇記》引之，後陳壽作《古國志》五十篇，蘇轍作《古史》六十卷，其書皆本允南之舊。」《古史考》爲蜀漢譙周所撰。該書原 25 卷，廣收輯錄，以補上古史籍之不足。原書已佚，後章宗源有輯本一冊，爲孫星衍刊入《平津館叢書》。《著作記》所載《寰宇記》、《古國志》、《古史》等對《古史考》的引用情況，爲輯佚該書提供了重要線索。

4. 採用了以人類書的著錄方式

《蜀中廣記‧著作記》採用了「以人類書」的著錄方式。同一作者的不同作品依其內容分別歸類，各書之下分別著錄作者信息。同一作者再次出現時，則不再重新介紹，而是以「見前」字樣代替。如：

> 經部
>
> 隋何妥《周易講疏》三卷。
>
> 《北史》：妥，字棲鳳，西城人。父細腳胡，通商入蜀，遂家郫
> 縣。……
>
> 子部
>
> 《南華經疏》二卷。

〔註135〕 按：參見姚名達：《中國目錄學史》第 330 頁。《千頃堂書目》著錄爲「曹學
　　　　 佺《蜀中著作記》十卷」（《千頃堂書目》卷十）。姚名達稱《千頃堂書目》著
　　　　 該書十二卷，當爲筆誤。
〔註136〕 （清）章學誠：《文史通義》，第 91 頁，上海：上海古籍出版社，2015 年。

　　　　隋何妥棲鳳著。爵里見前。

又如：

　　　　經部

　　　　李譔《古文易》。

　　　　《蜀志》：譔，字欽仲，梓潼涪人也。……

　　　　子部

　　　　《太玄指歸》。

　　　　三國涪人李譔著。爵里見前。

這種著錄方式避免了書目的重複累贅，然並不便於讀者檢索，具有一定的改
進空間。

　　5. 合併著錄作者、出處等

　　《蜀中廣記・著作記》對同一作者的同類作品以及出處相同的同類書籍
採取了合併著錄的方式，便於讀者對照檢索。如：

　　　　《帝王年代州郡長曆》二卷《古今類聚年號圖》一卷。並五代
　　　　杜光庭撰。光庭，僑蜀青城道士。

又如：

　　　　宋王禹玉《文武賢臣治蜀編年志》一卷。楊備恩《蜀都故事》
　　　　二卷。梁顥《蜀坤儀令》一卷。姜虔嗣《蜀雜制敕》三卷。俱見《宋
　　　　史・經籍志》。

五、對《蜀中廣記・著作記》的評價

　　《蜀中廣記・著作記》的編纂體例或有未當之處。如其將《蜀都賦》、
《補闕蜀都賦》、《辨蜀都賦》等文學作品置於「地理志部」的做法便有值
得商榷之處。然而，作為早期的輯錄體書目，《蜀中廣記・著作記》保存了
大量的序跋、墓誌、著述等珍貴信息，可補史乘之缺。其史料價值為後世
所重，《四庫全書總目》、《續文獻通考》等皆多次徵引該書內容。《蜀中廣
記・著作記》在著錄經籍、輯錄相關史料的同時，對撰、注人等的籍貫、
生平等信息亦留心載錄，較為完整地保存了蜀地文獻，可藉以考見蜀中的
學風之盛、著述之豐。

第五節　序跋題記——以《讀書後》《南濠居士文跋》　爲例

一、王世貞《讀書後》

（一）《讀書後》的作者、編纂及版本

　　王世貞，字元美，號鳳洲，又號弇州山人，江蘇太倉人，嘉靖二十六年（1547）進士，歷仕嘉靖、萬曆兩朝，官至南京刑部尙書，卒贈太子少保。王世貞與李攀龍、徐中行、梁有譽等人合稱「後七子」，是繼李攀龍之後的文壇領袖，提倡復古，主張「文必西漢，詩必盛唐」，又有「眞情說」，呼籲詩歌創作回歸「詩言情」之本色。王世貞著有《弇州山人四部稿》、《弇山堂別集》等，《四庫全書總目提要》評論曰：「自世貞之集出，學者遂剿竊世貞。故艾南英《天傭子集》有曰：後生小子不必讀書，不必作文，但架上有前後《四部稿》，每遇應酬，頃刻裁割，便可成篇。」〔註137〕

　　《讀書後》爲世貞過世後，其侄士騏自坊肆訪得之殘稿，或爲世貞晚年之作，未收入《四部稿》及《續稿》之中，且間有訛錯之筆。士騏輯刻而成《附集》四卷，藏之於家。後吳江許恭又採《四部稿》中讀書之文爲一卷、《續稿》中讀佛經之文爲一卷、讀道經之文爲二卷，置於王閒仲校本《附集》之後，並爲《讀書後》八卷，重刊行世。陳繼儒爲之序，述刊刻之經由，論世貞爲學經歷，贊其晚年學問益進，成就斐然，並將此書比之以呂氏《讀書記》、晁氏《讀書志》，推崇備至。

　　《讀書後》八卷，其中許恭採自《四部稿》的部分間有置論未當之處，或爲世貞早年氣盛失檢之作，爲四庫館臣一一指駁，稱其未考《孟浩然集序》乃不知《亢倉子》爲王士元作，未考《隋書經籍志》乃認爲《三墳》爲劉炫作，又誤將《元命苞》作衛嵩《元苞》而置評等等，備載《四庫全書總目提要》之中。相較而言，則士騏輯得之《附集》部分或更爲詳定，品論持中，態度平和，《四庫總目提要》稱「世貞初不喜蘇文，晚乃嗜之，臨沒之時，床頭尙有蘇文一部。今觀是編，往往與蘇軾辯難，而其文反覆條暢，亦皆類軾，無復模秦仿漢之習。其跋李東陽《樂府》與《歸有光集》，心平氣和，亦與其

〔註137〕　（清）永瑢：《四庫全書總目》卷一七二《弇州山人四部稿》，北京：中華書局，1965 年。

生平持論不同」〔註138〕。該部分意趣與世貞晚年學論一致，當可視爲王世貞學術思想之豹斑。

以《四庫全書》本《讀書後》爲例。該書分爲 8 卷，著錄世貞讀書題跋 145 種。卷一著錄 21 種，爲子部、集部書跋；卷二著錄 25 種，爲子部、史部、集部書跋；卷三著錄 26 種，多爲史部、集部書跋；卷四著錄 24 種，包括集部、理學、蒙學等書跋。以上 96 種爲士騏所輯《附集》者。卷五 22 種〔註139〕，採自《四部稿》中，多爲史部、子部書跋；卷六著錄佛經書跋 9 種，卷七著錄道經書跋 11 種，卷八亦爲道經書跋，著錄 7 種。此三卷皆採自《四部續稿》。《宋元明清書目題跋叢刊》據《四庫全書》本影印。

（二）《讀書後》的內容與價值

1. 保存史料的價值

《讀書後》收錄的內容多爲王世貞的讀書、品鑒心得，行文之中對歷代學人舊事多有提及，亦保存了大量生平交遊的線索。以《書歸熙甫文集後》一篇爲例，王世貞於該篇內詳述了自己對歸有光由輕慢至推重的轉變。今移錄於下：

> 余成進士時，歸熙甫則已大有公車間名，而積數年不第。每罷試，則主司相與吒恨，以歸生不第，何名爲公車。而同年朱檢討者，佻人也，數問余：「得歸生古文詞否？」余謝無有。一日忽以一編擲余面曰：「是更不如崔信明水中物耶？」且謂：「何不令歸生見我，當作李密視秦王時狀。」余戲答：「子遂能秦王耶？即李密未易才也。」退取讀之，果熙甫文，凡二十餘章，多率略應酬語，蓋朱所見者杜德機耳。而又數年，熙甫之客中表陸明謨忽貽書，責數余以不能推轂熙甫，不知其說所自。余方盛年驕氣，漫爾應之，齒牙之鍔，頗及吳下前輩中，謂陸濬明差強人意，熙甫小勝濬明，然亦未滿語。又數年而熙甫第，又數年而卒。客有梓其集貽余者，卒之未及展，爲人持去。旋徙處曇靖，復得而讀之，故是近代名手。若議論書疏之類，滔滔橫流不竭，而發源則泓渟朗著。志傳碑表，昌黎十四、永叔十六。又最得昌黎割愛脫臕法，唯銘辭小不及耳。昌黎於碑誌

〔註138〕 （清）永瑢：《四庫全書總目》卷一七十二《讀書後》，北京：中華書局，1965 年。

〔註139〕 按：《四庫全書總目》稱爲 25 種，不知何據。

極有力，是兼東西京而時出之，永叔雖佳，故一家言耳。而茅坤氏
乃頗右永叔而左昌黎，故當不識也。他序記，熙甫亦甚快，所不及
者起伏與結構也。起伏須婉而勁，結構須味而載，要必有千鈞之力
而後可，至於照應點綴，絕不可少，又貴琢之無痕，此毋但熙甫，
當時極推重於麟，於麟亦似有可撼者。嗟乎！熙甫與朱生皆不可作
矣。恨不使朱生見之，復能作秦王態否！熙甫集中有一篇，盛推宋
人，而目我輩爲蜉蝣之撼不容口，當是於陸生所見報書，故無言不
酬。吾又何憾哉！吾又何憾哉！

由此可知王世貞早年對歸有光的文章評價不高，稱其「秋潦在地，有時汪洋，
不則一瀉而已」〔註140〕。在此，其將原因歸咎於未讀歸氏文章及朱生之輕佻，
亦有少年氣盛、妄加置評之意。加之二人文學觀念相左，故下筆多有牴牾。
歸有光過世較早，王世貞晚年翻閱歸氏文章，方對其有了進一步的認識，且
對歸氏文章作出較爲公正全面的評價，稱其爲「近代名手」，議論書疏，最爲
洪洽，誌傳碑表則得昌黎、永叔之妙，惟文章起伏結構較之前人稍有未及。
又爲歸有光作像贊，稱「風行水上，渙爲文章；風定波息，與水相忘。剪綴
帖括，藻粉撲張。江左以還，極於陳、梁。千載有公，繼韓、歐陽。余豈異
趨，久而始傷」〔註141〕，則其晚年心態平和，境界大勝少時鋒芒。

2. 對王世貞晚年學術思想的反映

陳繼儒將《讀書記》比之於宋世呂祖謙《讀書記》〔註142〕與晁公武《郡
齋讀書志》，雖有捧頌之嫌，然亦可見此書要妙當在置論博洽。

（1）品評前人學術觀點

《讀列子》一則稱「……柳柳州《列子辨》獨舉劉向所稱爲鄭穆公時人，
以穆公在孔子前百餘歲，而歷舉列子在繻公時與其相馽子陽證其非。夫《列子》
引孔子，不一而足，是可知己，又何必別引子陽以爲證？且向寧不自知其非鄭
穆公？「穆」之一字，當由傳錄者訛，柳州之辨其所不必辨，尤可笑也」。

柳宗元有《辯列子》文，稱：「劉向古稱博極群書，然其錄《列子》，獨

〔註140〕（明）王世貞：《弇州山人四部稿》卷一百四十八《藝苑巵言五》，明萬曆刻
　　　　　本。
〔註141〕（明）王世貞：《弇州四部稿續稿》卷一百五《像贊》，明萬曆刻本。
〔註142〕按：呂祖謙有《呂氏家塾讀書記》與《呂氏讀書記》二種，此處未知指代爲
　　　　　何。此二種《讀書記》的考辨，參見魏宏遠、唐溫秀《呂祖謙是否著有〈呂
　　　　　氏讀書記〉──由〈四庫全書總目〉王世貞〈讀書後〉提要說起》一文。

曰鄭穆公時人。穆公在孔子前幾百歲，《列子》書言鄭國，皆云子產、鄧析，不知向何以言之如此？」柳氏認爲劉向之言與《列子》所載相牴牾，而世貞則稱劉向本意當爲「鄭公」，爲後人訛入「穆」字，譏柳氏未解訛託之意，強爲之辯。

《書五代史後》一則稱「歐陽公作《五代史》而欲自附於《春秋》之筆削，創立義例，而其文辭頗爲世所喜。楊士奇稱之，以爲與司馬遷《史記》、班固《漢書》并、而義例勝之。予亟考其所謂「義例」者，亦不爲甚當。……士奇之論，私其鄉前輩耳，而耳觀者群和之良可笑也」。王世貞指出了歐陽修所撰《五代史》中存在的一些義例拖沓僵化之處，認爲楊士奇對此書推崇備至，乃因歐陽修爲其鄉先賢之故，而應和士奇吹捧該書之人則尤爲可笑。

（2）品鑒學術成就

《書曾子固文後》一則稱「子固有識有學，尤近道理。其辭亦多宏□遒美，而不免爲道理所束。間有闇塞而不暢者、牽纏而不了者，要之爲朱氏之濫觴也。朱氏以其近道理而許之。近代王愼中輩，其材力本勝子固，乃掇拾其所短而捨其所長，其闇塞牽纏迨又甚者。此何意也？毋論子固，即明允、子由、介甫俱不足與四家列而稱大，若名家者庶幾矣」。

曾鞏名列八大家之內，而王世貞指其雖文辭宏美，然爲理學所拘，闇塞牽纏，乃爲朱熹之濫觴耳，不可與歐柳韓蘇並列，即王安石、蘇洵、蘇轍三人，亦不當與四人並肩。王愼中是明代文壇「唐宋派」的代表人物之一，其早年亦受「前七子」的影響，宗法漢唐，後期認識到唐宋文章的承繼所在，認爲「學問文章如宋諸名公，皆已原本六經，軼絕兩漢」〔註143〕，「學六經史漢最得旨趣根源者，莫如韓歐曾蘇諸名家」〔註144〕，而對曾鞏推崇尤甚，稱曾文「信乎能道其中之所欲言，而不醇不該之蔽亦已少矣」〔註145〕。王世貞乃歎愼中之流，材力本在曾鞏之上，然爲曾氏文名所圍，竟退而傚仿，乃至邯鄲學步，成就尚不及曾。

錢謙益《列朝詩集小傳》論王世貞，稱其「少年盛氣，爲于鱗輩撈籠推輓，門戶既立，聲價複重，譬之登竣阪、騎危牆，雖欲自下，勢不能也。迨乎晚年，閱世日深，讀書漸細，虛氣銷歇，浮華解駁，於是乎泫然汗下，蓬

〔註143〕　（明）王愼中：《遵嚴集》卷二十二《與汪直齋書》，清文淵閣《四庫全書》本。

〔註144〕　（明）王愼中：《寄道原弟書九》，《中國文學史·四》，第145頁。

〔註145〕　（明）王愼中：《遵岩集》卷九《曾南豐文粹序》，清文淵閣《四庫全書》本。

然夢覺，而自悔其不可以復改矣」〔註146〕。言辭間或稱世貞晚年於其宗法唐漢的復古主張似有悔意。然牧齋語焉不詳，而考世貞晚年論著，其復古之理念未嘗有變，而此則題跋亦可作爲王世貞晚年仍持復古觀念的佐證之一。

（3）闡述學術思想

《讀書後》卷一有《讀莊子》三則，乃是王世貞晚年對莊子的認識解讀，所言甚有意趣。

王世貞於第一則中，歎「世固未有尊老子如莊子者」。認爲世間尊崇孔子者莫過於孟子，然孟子之尊孔，亦不過稱孔子爲聖、稱其願學孔子，而於學術行爲上則往往自我發揮，未嘗敷衍孔子之思想。莊子之尊老子，則完全以老子「無名無欲無爲無言以至無始」之旨爲其思想淵源。又認爲「書不可以多著也。多著而至於十萬餘言，而其旨不過數百言而已。是以雜而不可竟、復而使人厭。書不可以有意作也，以有意而作之，是以誕而不可信，狂而使人怒」〔註147〕，歎莊子雖尊老子，然敷衍十萬餘言，有不自忠之嫌。

其於第二則中，分別列舉了太史公與蘇軾對莊子的理解，認爲太史公認爲莊子乃「詆訾孔子之徒，以明老子之術」的看法，非爲「識莊子之麤者」〔註148〕；蘇軾稱「莊子之言，皆實予，而文不予，陽擠而陰助之，其正言蓋無幾」〔註149〕的說法，乃是「識莊子之麤而巧爲之蔽者也」〔註150〕。王世貞認爲莊子尊崇老子，然又認爲孔子之眞義不可奪，故往往以卮言掩蓋，使天下人誤認孔子爲老子之徒。王世貞認爲莊子稱孔子爲聖人，卻又於「聖人」之外，另推老子爲「至人」以尊之，明爲推崇孔子，實則爲推崇老子。

其於第三則中，提出了莊子受業於孔門而後叛離的觀點。「凡莊子之所談，如君臣父子之大戒、天機嗜欲之深淺、六經之用、聖人之論議，皆精切而爾雅，即田子方、荀卿之所不能及，特不若其治老子之深，蓋遊於吾聖教而中畔之者也。」〔註151〕在此基礎上，又認同太史公認爲申、韓之學出於老

〔註146〕（清）錢謙益：《列朝詩集小傳》丁集上《王尚書世貞》，第436頁。
〔註147〕（明）王世貞：《讀書後》卷一《讀莊子一》，清文淵閣《四庫全書》補配清文津閣《四庫全書》本。
〔註148〕（明）王世貞：《讀書後》卷一《讀莊子二》，清文淵閣《四庫全書》補配清文津閣《四庫全書》本。
〔註149〕（宋）蘇軾：《蘇文忠共全集》卷三十二《莊子祠堂記》，明成化本。
〔註150〕（明）王世貞：《讀書後》卷一《讀莊子二》，清文淵閣《四庫全書》補配清文津閣《四庫全書》本。
〔註151〕（明）王世貞：《讀書後》卷一《讀莊子三》，清文淵閣《四庫全書》補配清

子的看法，提出「學不必盡學」說，認爲「得一語而守之，曰嗇，曰儉，曰國之利器不可以示人，曰將欲取之必故與之，此申韓氏之所貴也。若莊子則無是也。」而對於太史公令莊、孟對辯的假設，王世貞亦提出了自己的看法：稱「莊子非告子夷之比也，其鬥必若涿鹿、彭城之戰，天地爲之蕩而不寧，日月爲之晦而不辨。夫莊子敗，則逃之無何有之鄉而已，然而不怒也；孟子不敗也，敗則怒」。

寥寥數語，譬喻形象，描繪生動，言辭之間盡顯莊、孟本色，世貞無愧文壇泰斗之稱。

（4）辨僞

《讀列子》一則稱「……吾意《列子》非全文，其文當缺而後有附會之者。凡《莊子》之所引微散漫，而《列子》之所引則簡勁。疑附會之者因《莊子》之文而加琢者也」。

《列子》一書是否爲僞書，歷代皆有爭辯，而信其不僞者少。早於王世貞之柳宗元、高似孫、黃震、朱熹、葉大慶、宋濂等人皆有己論，稱《列子》於一定程度上爲後人訛託僞造。王世貞始好《列子》文，將《列子》與《莊子》並稱，而《列子》尚以敘事簡勁稍勝。然晚年之後，其觀念有所轉變，認爲《列子》不及《莊子》甚遠，「凡《列子》之談理、引喻皆明淺，僅得其虛泊無爲以幻破……於膚膜之間，而《莊子》則往往深入而探得其髓。其出世處世之精妙，有超於揣摩意見之表者。至其措句琢字出鬼入神，固非《列子》之所敢望也」〔註152〕。王世貞通過對《莊》、《列》二書的對比研讀，提出了《列子》或雜有後世附會之文的觀點，同時也修正了其早年的學術意見，陳繼儒贊其「識隨人老」〔註153〕，確爲得當。

又有《讀莊子三》一則，亦是辨僞。因《讓王》、《說劍》、《盜跖》、《漁父》四章文風不類莊周而認爲是後人訛託雜入《莊子》，藉以貶壓孔子之意。

（5）點評史事、品評人物

王世貞《讀書後》中有大量篇幅著墨於對史事的點評。如《書伍子胥傳後》一則，評價伍子胥「勇烈徇志，丈夫也」，稱其鞭屍平王之舉雖爲駭世，

文津閣《四庫全書》本。

〔註152〕（明）王世貞：《讀書後》卷一《讀列子》，清文淵閣《四庫全書》補配清文津閣《四庫全書》本。

〔註153〕（明）陳繼儒：《讀書後序》，清文淵閣《四庫全書》補配清文津閣《四庫全書》本。

但在情理之中；預知越將滅吳，可稱之智；進諫而死，可謂之忠。綜而評之，則「謂之盡孔子之道則不可，謂之悖孔子之道亦不可」〔註154〕，較爲公允。《書蘇子〈范增論〉後》一則，反駁蘇軾《范增論》的觀點，認爲范增乃是與項籍合謀誅殺宋義之人，而非宋義黨徒。《書司馬相如傳後》一則，評價司馬相如之智，稱其自記「淫奔」之事，又宣揚「饒於財」，故不慕官爵，坐擁國色，肆意文壇，乃是爲避盛名，免遭殺身之禍，可稱爲智；《書阮籍傳後》一則亦稱阮籍得享天年非因酒而因智謀。《書陸遜父子及機、雲傳後》一則，述陸氏三代功過，點評其興亡之由。《書張安世傳後》一則，記張湯與安世、劉向與歆、石碏與厚、賈逵與充、桓彝與溫、黃權與崇、沈充與勁、李懷光與瓘等父子之間品行迥異之事，發出了「父不得而子者寧獨」的感慨，又稱「子可以有不賢父，父不可以有不賢子，則子尤重」〔註155〕。《書漢武帝時功臣侯年表後》一則，認爲賞罰須中節，而漢武帝賞罰無當，雖成霸業，實有僥倖。《讀徐幹中論》一則，認爲徐幹乃藉此文發洩對曹操之不滿：「孟德倡之而偉長斥之，子桓以爲稱而不之覺。嗚呼，其眞不之覺邪？將不滿於孟德邪？」〔註156〕《書謝安謝玄傳後》一則，乃是品評謝安謝玄之功績能力，稱謝安「格量弘齊，故是始興以上人，然大略能因事爲功，矯情鎮物耳。淝水之勝，雖曰有天幸，而玄之善用兵亦自有」〔註157〕。

（6）歎作者生平際遇

《讀書後》有《書李空同集後》一則，稱「空同先生兩疏於弘治間，擔荷世道不淺。雖再下詔獄，見以爲鍛鍊，而實益其剛果之氣。若廣信之訟，血氣與義氣各強半耳。材高而病，脫疏則易入；名高而尙，激厲則易染。同舟遇風，胡越相救，而不知其伏機之至此也。一遇康德涵，再遇林待用，而後得免虎口。噫嘻！亦危矣！當嘉靖至丁亥己丑間，楊應寧當國，名爲最知先生，而竟不一推轂，事殊不可曉。吾嘗謂憐才者若春風，拂面便消；忌才

〔註154〕 （明）王世貞：《讀書後》卷一《書伍子胥傳後》，清文淵閣《四庫全書》補配清文津閣《四庫全書》本。

〔註155〕 （明）王世貞：《讀書後》卷二《書張安世傳後》，清文淵閣《四庫全書》補配清文津閣《四庫全書》本。

〔註156〕 （明）王世貞：《讀書後》卷二《讀徐幹中論》，清文淵閣《四庫全書》補配清文津閣《四庫全書》本。

〔註157〕 （明）王世貞：《讀書後》卷三《書謝安謝玄傳後》，清文淵閣《四庫全書》補配清文津閣《四庫全書》本。

者若冰雪，寒必透骨。俯仰千古，至今尙新，可歎哉！」

　　李夢陽，明代文壇前七子之首，以剛直不阿、直言進諫屢下詔獄，幸爲康海、林俊等人所救，然自此無心仕途，退隱文壇，有《空同集》存世。王世貞讀其文集，歎其生平遭際，雖材高品尙，卻生不逢時，又爲權貴所忌，乃至一生坎坷，志不得抒。跋中所記之事，可供後世考證空同生平所用。

二、都穆《南濠居士文跋》

（一）《南濠居士文跋》的作者都穆

　　都穆，字玄敬，一作元敬，世稱南濠先生，吳縣人，弘治十二年（1499）進士，授工部主事，官至禮部主客司郎中。

　　都穆爲明代中期的著名學者、藏書家，其家富圖籍，每得異本，則以誇示爲樂；在詩話評論領域，著《南濠詩話》行世，品評詩學，見解獨到，影響較大，《百川書志》著錄《都玄敬詩話》二卷，即爲此書；又通金石，《金薤琳琅錄》爲其金石學代表作。

　　該書上起周、秦，下迄隋、唐，總錄金石六十三種，皆輯錄原刻，殘脫處補以洪适《隸釋》，而不盡止於石本，末著跋文，發揮辨證，乃古代金石學的重要作品之一。都穆論學以博洽稱，讀書題記有《南濠居士文跋》，記古書與書畫金石之珍惜寶貴者，並一一加以評點。其跋文篇幅不長，而文字精練，體例完備，考證詳覈，堪稱明人題跋之精品。

（二）《南濠居士文跋》的版本與各家對該書的著錄

1. 國圖藏明刻本。該本目錄爲六卷，卷一二爲書跋四十五則；卷三爲法書跋三十一則；卷四爲畫跋二十四則；卷五、六爲碑帖跋，下有「見《金薤琳琅》」小字樣，而正文未刊，或爲收入《金薤琳琅》之中者。黃虞稷《千頃堂書目》著錄有六卷本，所指爲該本系統，《續修四庫全書》收錄者亦爲此本。按：清代《都公譚纂》一書後有金忠淳跋語，稱「余向藏《譚纂》上下二卷，傳抄日久，亥豕較多，因與蔣子春雨略爲校訂，以公同好。春雨云：『尙有《南濠文跋》，亦無刊本，容訪諸藏書家。倘得補刻，豈非藝林一大快事耶？』」〔註158〕則此二公未知有明刻本也。

〔註158〕（清）金忠淳：《都公譚纂跋》，《明代筆記小說大觀》，第 590 頁，上海：上

2. 鮑廷博知不足齋抄校本。四卷,內有鮑廷博、勞權題記。

3. 吳錫麟環翠山房抄校本。亦為四卷,內有吳錫麟跋。

4. 1924 年蘇州《文學山房叢書》木活字排印本,半頁八行,行二十字,四周雙邊,白口,單魚尾,板心下有「文學山房聚珍板印」字樣。前有殷念萱《重刻校本南濠居士文跋序》,品評都穆之學,概述《文跋》之卷次內容及傳刻詳情。又有《南濠居士文跋目錄》,分四卷,僅著題跋名目。正文亦為四卷,卷一著錄 23 種,卷二著錄 22 種,卷三著錄 31 種,卷四著錄 24 種,總著錄書畫金石題跋 100 種。末又有吳騫《記》、江杏溪《跋》,遞述其書刊校淵源。《宋元明清書目題跋叢刊》據該本影印收錄。

此外,該書亦多見載於各家書目。《千頃堂書目》外,則有高儒《百川書志》著錄「《南濠居士文跋》四卷。皇明太僕少卿吳郡都穆玄敬撰。書籍四十五跋,翰墨三十一跋,圖畫二十四跋」〔註 159〕,《江南通志》、《御定佩文齋書畫》、胡纘宗《太僕寺少卿都公穆墓誌銘》亦著錄此書,惟卷數未記。

(三)文跋部分的內容以及對都穆文獻學思想的反映

1. 保存大量史料

《南濠居士文跋》保存了大量的史料。如其卷一有《笠澤叢書》跋,稱「《笠澤叢書》四卷,鄉先生唐陸龜蒙魯望撰。其《自序》云:『叢書者,叢脞之書也。……歌、詩、賦、頌、銘、記、傳、序,往往雜發。不類不次,混而載之,故稱叢書。』笠澤者,松江之地名也。宋元符庚辰,蜀人樊開嘗刻是書,金元遺山謂得唐人錄本,為之校定。豈遺山生長北方,未嘗見蜀本與?松江即今之吳江,其地一名松陵,魯望別有《松陵集》十卷」。寥寥數語,介紹了叢書的作者,重申了叢書之函義,解釋了書名之由來、地名之別稱,又記版本之流變及作者之別作,可謂無一字空言。

按,陸龜蒙於乾符六年(879)編輯《笠澤叢書》四卷,混載多種文體而不為類次,其編輯體例雖與後世叢書不同,但確為「叢書」一名之肇始無疑。該書歷代多有傳刻,僅清之前便有唐寫本、宋元符庚辰蜀本、政和吳江本、庚辰蜀本與吳江本的混合本、元至正陸德原重刊校正五卷本、明李如楨校刊本等多種版本行世,萬曼《唐集敘錄》一書對該書考訂甚詳,可供參考。末

海古籍出版社,2005 年。

〔註 159〕(明)高儒:《百川書志》卷二十,《觀古堂叢刊》本。

稱《松陵集》十卷，雖爲陸龜蒙所編，實則爲皮日休與陸龜蒙二人的詩集合著，非獨魯望一人之功。

　　《南濠居士文跋》著錄有某書的卷冊數、作者姓名、生平、年代、籍貫，前人學術流派、著作等信息。如「《新語》三卷，凡十二篇，漢太中大夫楚人陸賈撰。賈以客從高帝定天下，名有口辨。其論秦漢之失得、古今之成敗，尤爲明備。高帝雖輕士善罵，不事詩書，而獨於賈之語每卷稱善，蓋前此固帝之所未聞也。……」。

　　《南濠居士文跋》著錄了都穆的交遊逸事。吳寬對都穆有宗主之誼、舉薦之恩。「穆年四十，館吳匏庵家」〔註160〕，「何御史巡撫蘇都，求訪遺才，吳文定公首舉都（穆）」〔註161〕，「時吳文定公歸里，奇而言之撫臣何公」〔註162〕。都穆於吳家設館，爲吳寬賞識舉薦，而都穆亦以師稱尊吳，《西臺慟哭記》跋文稱「先師禮部尙書文定吳公舊蓄其本」，《胡環番騎圖》稱「先師翰林學士吳文定公之所藏」，其《吳文定公及第後謝恩表稿》跋文則贊吳公「之所以重天下，豈直科第與官而已，其道德足以師乎後學，述作足以匹乎古人。至於書翰之妙，識者亦以爲不減宋之大蘇」，對吳寬推崇備至。吳寬亦有唱酬都穆之作，其《家藏集》載《爲都元敬題春山讀易圖》詩，又爲都穆《吳下冢墓遺文》作序，且在《跋南園俞氏文冊》中稱「此冊則其先墓誌銘傳並雜文及錄本，而進士都元敬所得者。元敬重儒家故物，裝飾保藏，可謂託得其人矣」〔註163〕，直可謂深知都穆之人。

　　《南濠居士文跋》卷三有《葉文莊公二帖》跋文二則，記其鄉先賢葉盛之事。葉盛爲明代著名學者、金石家，有《籙竹堂稿》、《籙竹堂碑目》、《水東日記》、《水東詩文稿》、《文莊奏疏》等著述存世，又爲藏書家，編有《籙竹堂書目》6卷，原本已佚，僅僞本流傳。葉盛正統十年（1445）進士，授兵科給事中，土木堡兵變後曾協助于謙守衛北京城，後多次聲調，政績顯赫，

〔註160〕　（明）蔣一葵：《堯山堂外紀》卷九一，《四庫全書存目叢書·子部》第 148
　　　　　冊，第 416 頁。
〔註161〕　（明）俞弁：《山樵暇語》卷九，《四庫全書存目叢書·子部》第 152 冊，第
　　　　　67 頁。
〔註162〕　（明）王世貞：《弇州四部稿續稿》卷一百四十八《像贊》，文淵閣《四庫全
　　　　　書》第 1284 冊，第 152 頁。
〔註163〕　（明）吳寬：《家藏集》卷五十五，文淵閣《四庫全書》第 1255 冊，第 502
　　　　　頁。

都穆稱其「以文學、政事重於天下」〔註164〕，實不爲過。此二則乃都穆應葉盛後人之請，爲其先人手澤而作之題跋。跋中略及葉盛生平交遊二三人如陸大參、虞臣者，又記葉氏手澤「凡數千言，大而持身理，小而處世應物」，贊其「告戒丁寧，委曲詳盡，教子如公，可謂至矣，而不特一家之訓也」，並發出了「公之政事、文章，所以擅名天下，愈久而愈光，豈徒然哉」的感慨，對葉氏甚爲推頌。

《南濠居士文跋》移錄了前人序跋、評論等史料。該目卷一《和靖先生集》中，首先移錄他人序跋評論，後又自加品評：「梅聖俞（按：梅堯臣）序先生詩，謂……《後村詩話》謂……余曰……」

又有《春秋比事》跋，記談氏更定陳龍川誤認《春秋總論》作者之事：「《春秋比事》二十卷，舊名《春秋總論》，宋陳龍川謂湖州沈棐文伯撰，爲更其名曰《比事》，序而刻之。嘉定辛未盧陵談卿月《序》則以爲著於莆陽劉朔，非文伯也。蓋談親見劉氏家本，故云。」

《四庫全書總目提要》著錄此事，館臣稱是書「前有陳亮序，稱其（按：沈棐）字文伯，湖州人，嘗爲婺之校官」；又案陳振孫《書錄解題》「湖有沈文伯，名長卿，號審齋居士，爲常州倅，忤秦檜，貶化州，不名棐也，不知同父何以云然，豈別有名棐而字文伯者乎？然則非湖人也」云云，稱與亮序相悖；又記都穆《聽雨紀談》所引譚月卿序稱莆陽劉朔撰，稱月卿親見劉氏家本一事，而《四庫》所錄之本不載月卿序，故不知都穆所據爲何，存疑而未可證，乃以陳亮去棐世近，故從亮序，仍題棐名。

余嘉錫《四庫提要辨正》有《春秋比事》一則，引《儀顧堂續跋》卷三之《春秋比事》影元本跋稱：

> 沈先生《春秋比事》二十卷，影寫元刊本前有至元乙卯中興路教授王顯仁序，嘉定辛未盧陵譚月卿溶明跋只存三行，而缺其前，頃得劉氏家本，特表而出之。……《直齋書錄解題》曰：「《春秋比事》，沈棐文伯撰。陳同甫序曰『文伯名棐，湖州人，嘗爲婺之校官。以文辭稱，而不聞其以經稱也』。湖有沈文伯，名長卿，號審齋居士；爲常州倅，忤秦檜，貶化州；不名棐也。不知同甫何以云然，豈別有名棐而字文伯者乎？然則非湖人也。」愚案，《建炎以來繫年要錄》卷九十一，左儒林郎新婺州教授沈長卿爲秘書正字，尋不行。是文

〔註164〕（明）都穆：《南濠居士文跋》卷三《葉文莊公二帖》，明刻本。

伯嘗爲婺州校官信而有徵，名裴字文伯於義亦通。意者長卿初名裴，
而後改名軟，惜無確證耳。長卿，靖康時太學生，……

又稱：

都穆《聽雨紀談》據譚月卿序以爲劉朔撰，四庫所據本無譚序，
故《提要》著錄仍題沈裴名。此本譚序只存末三行，但以「頃得劉
氏家本，特表而出之」二語證之，必以爲劉朔作。考劉朔爲後村之
祖，《後村集》有《二大夫遺文跋》云：「麟臺公歿於信安傳舍中，
故遺稿尤少，有《春秋比事》二十卷，別爲書。」與譚月卿之言合，
則此書爲劉朔作矣。朔字復之，莆田人，與兄凰皆受業於林光朝。
少喜《易》，蘄以名家，以《春秋》久爲王介甫茅塞，更治《春秋》。
紹興庚辰，以《春秋》登第，調溫州司戶，累知福清縣，入爲秘書
省正字，疾作，求爲福建參議官，行至信安，卒於傳舍。見《中興
館閣錄》及《葉水心集二劉墓誌》。朔既以《春秋》名家，又有《後
村集》、譚月卿序可證，其爲朔著無疑。惟文伯七屆文章，卓然有以
自立，必非竊書以爲名者，同甫所見之本，並無撰人姓名，序稱「或
曰沈文伯所寫」，亦未定爲文伯作也。直齋乃始誤會，當改題劉朔名
爲是。……是書初刊於同甫，當在淳熙中，再刊於嘉定，三刊於至
元，惟王顯仁所見之嘉定刊本譚月卿序不全，又未細繹陳序，遂題
爲沈先生《春秋比事》。其誤蓋始於陳直齋，而成於王顯仁，同甫不
任咎也。文淵閣著錄《春秋比事》兩部，亦題文伯名，蓋皆元刊，
惟都穆所見之本，譚月卿序完全，當爲嘉定刊耳。安所得譚序完全
者一證明之？《經義考》亦不載譚月卿序，又引吳師道說，謂沈裴
字文約，衢人，未知何據。

至此則懸案已結，都穆所記確有實證，《四庫》、直齋皆晦而未明也。都穆於
《聽雨紀談》中稱「譚月卿」者，陸氏亦得見之，當爲確名。《南濠居士文跋》
此處稱「談卿月」，當爲都穆轉錄之誤。

《南濠居士文跋》著錄有書籍的增補重刻事。該目卷一有《松陵集》一
則，乃是都穆爲劉濟民重刊之《松陵集》所作之跋。都穆於跋內備述劉濟民
重刊該書之經由，對該書價值多有推重，稱「古松陵即今之吳江。余同濟寧
劉君濟民來爲邑令，謂是集爲其邑故物，而人未之見。割俸刻之。余觀唐詩
人之尚次韻，至元、白而始盛。其萃而成編，則有《漢上題襟》、《斷金》及

是三集。按皮氏《自序》謂一歲之中，詩凡六百五十八首，其富若此，則又《題襟》、《斷金》之所無者。況其遊讌題詠類多吳中之作，後之希賢懷古者將於是乎考，固吳人所當寶也。劉君為政不減古人，其刻石集，豈直私於一邑？蓋將公之天下者也」。

《松陵集》為晚唐皮日休與陸龜蒙的酬唱應和詩集。南宋寶祐五年（1257）葉茵將該集與《笠澤叢書》合編為《甫里先生文集》二十卷刊行，成化丁未（1487）嚴景和重刻葉本，萬曆乙卯（1615）松江許自昌重刻嚴本，皆為《甫里先生文集》全本。弘治間劉濟民重刊《松陵集》單行本，都穆為之跋，後歸藏毛扆，為汲古閣重加校對刊行。《四庫全書總目》稱「蓋其時崔璞以諫議大夫為蘇州刺史，辟皮日休為從事，而陸龜蒙適以所業謁璞，因得與皮日休相贈答……明弘治壬戌吳江知縣濟南劉濟民以舊本重刊，都穆為之跋尾，歲久漫漶，毛晉又得宋本重校刊之。今所行者皆毛本」〔註165〕。

《南濠居士文跋》著錄了書籍的版刻流傳。該目卷二有《鶴林類集》跋，述及該書的成書及傳刻源流。稱「曩洪武、永樂間，吾郡元妙觀有高士曰周君，元初嘗以道術受知兩朝，官神樂觀五音都提點。當時名卿鉅公凡交於周君者，多贈之詩文，而學士宋公特為著傳。其沒，則王文靖公銘之。初，周君弟子裒其所得詩文，名《鶴林類集》，刻梓以傳，而墓銘未之及也。周君五世法孫謝復沖老而好文，以墓銘稿留余家，取之刻附。後集舊板之漫滅者，亦復新之」。

《南濠居士文跋》著錄了書目的全缺存佚。《南濠居士文跋》卷一有《蔡中郎集》，判定非為全帙：「《蔡伯喈集》舊十五卷，今所傳者十卷。余嘗見《藝文類聚》載伯喈《焦君贊》、《伯夷叔齊碑》及《翟先生碑》諸文，今集中皆無之，以是知其非全書也。」又有《琴史》一則，記該書缺帙，「……余近得錄本於友人朱叔英家而缺其後《志言》、《敘史》二篇，俟博訪補之」。

《南濠居士文跋》著錄了都穆對古籍的考據故事。該目卷一有《唐詩三體》一則，記其考證杜常《華清宮詩》之事，稱「宋季汶陽周弼選《唐詩三體》，以杜常《華清宮詩》為首。詩云：……元僧園至注謂：……瞿宗吉《詩話》則謂……歲癸酉，余以使事至陝道，經臨潼，浴驪山之溫泉，見石刻中有此詩，乃秦鳳等路提點刑獄公事太常丞之杜常作。其詩云：……後有潁川

〔註165〕（清）永瑢：《四庫全書總目》第 1332 冊，第 163 頁，北京：中華書局，1965年。

杜詡跋云：……始知當真宋人。數十年之疑，一旦而釋。夫弼之選固爲大謬，至以常爲宋人是矣，不應又曰「列之於唐，必有所據」。至於宗吉，亦無真見，此可同發一笑也」。

2. 反映都穆的學術觀點

其一，對作者、作品、版本的品評。《南濠居士文跋》有《王弼易》一則，贊宋國子監本「字特大」甚便閱讀。而宋刻小字本雖亦寶愛，但「不便老眼，固當在監本下也」〔註166〕。又有《郭氏家傳》跋，稱該書的撰述緣由爲「以昔人名德在人耳目者，或有時而泯，而信史之載亦往往略而不詳，於是有僚吏子孫之撰述」，目的在於「將備史氏之闕而行之無窮者也」〔註167〕。又有《杜詩類選》一則，跋稱「昔之注杜詩者凡十數家，黃鶴注最下，而最盛行。余所取惟劉孟會之《評點》、董養性之《選注》、單元陽之《愚得》，此外又有張伯成《演義》、趙子常《類選》。伯成之注善矣，然惟律詩、七言，而其他未之及也。子常所注亦惟五言、律，視注家尤爲簡當，而時取劉氏評語附之，豈其竟全詩而力有未暇，故所注僅止是與」。

其二，對學術源流的追溯。《南濠居士文跋》卷二有《女教》一則，述女教淵源。跋稱：「女子有教略有見於《曲禮》、《內則》諸篇，自漢曹大家《女誡》、劉中壘《列女傳》之作，而其教益備。宋季莆田方徵（？）孫嘗節取古人之意，著《女教》十章，以便童習，惜世罕傳，故福建僉憲吾鄉陳公祚嘗錄其本以藏於家。公之孫怡念手澤之重，恐日就湮毀，遂取而刻之。後方氏有相臺許熙載者，亦著《女教》六篇，類例頗精。女子之誦習，先以方氏是書，而後諸家以次而及，則他日爲婦而婦、爲母而母，其於風化豈曰小補之哉！」

其三，藉以明志。《南濠居士文跋》卷二有《山家清事》跋，推崇林和靖爲「宋隱逸第一流」，並藉以明志，稱「余山人也，邇雖竊錄京師，而夢寐不忘乎山。若是書者，固余之所樂玩也」〔註168〕。

其四，體現出都穆對方志纂修的態度。《南濠居士文跋》卷二著錄有《陝州志》、《登封縣志》二跋。明代政府歷來鼓勵纂修方志，各地蜂起響應，志書數量較之前代大爲增加，然往往爲倉促應制而成，內容無可觀瞻。都穆於

〔註166〕　（明）都穆：《南濠居士文跋》卷一《王弼易》，明刻本。
〔註167〕　（明）都穆：《南濠居士文跋》卷二《郭氏家傳》，明刻本。
〔註168〕　（明）都穆：《南濠居士文跋》卷二《山家清事》，明刻本。

跋文中對此現象大加針砭，稱「今之州邑，大率有志。予所見多矣。然往往彼此如一，冗雜可厭」，評價可謂一針見血。然於此二志，都穆卻特加稱道，贊《陝州志》「文辭雖簡，而事實不遺，蓋有得乎古人敘事之法。使志州邑者而皆若是，是可謂之志矣」，且稱該志可與召公之甘棠遺愛並傳於世，評價不可謂不高。《登封縣志》跋中，則排述該地名勝，列舉當地名流大儒，認爲乃他志所未有者，足堪推重。由此二則可知都穆評判方志的標準有二，其一當文辭精練，敘事靡不有備；其二當推重名川大都之志，以其有資查考之用。

其五，反映出都穆「愼重校刊」的思想。《南濠居士文跋》卷一有《申鑒》一則，稱《申鑒》之書世傳極少，費三十年之功始，因該書罕見，乃「以余家本刻置郡齋」。該本字畫頗多訛謬，雖然，「昔之人固已云然，今不得而正之也」〔註169〕。雖有遺憾，然亦未曾妄改。

（四）書畫金石跋部分的內容與價值

《南濠居士文跋》卷三、卷四爲書畫金石跋。其類例除與文跋相似者外，又有記其傳藏源流者，如《山谷老人遺墨》：「山谷老人《與趙景道帖並絕句八首》，今藏海虞錢工部士弘家。前有賈丞相似道「悅生」印及「長生」印，蓋宋末嘗入似道家。「悅生」乃其堂名也。聞之昔人，似道藏法書名畫甚富，其妙品輒用二印識之。後宋人三跋中有石湖居士者，余鄉先生范文穆公也。」又有記鑒定人處，如《宋思陵宸翰及元人諸帖》一則鑒定宋元人甚多，末則明記「圭父性嗜書畫，所蓄甚富，嘗自號清癖生，此皆其鑒定者也」〔註170〕，斷無貪功竊名之意。又有全文移錄詩文內容者，如《山谷書陰長生詩》三則，《楊補之梅卷》十則附記一則以及《蓬萊仙奕圖》中所記三豐邋老之題跋，茲不贅錄。

都穆在記錄書畫金石作品形貌之餘，又多有對作品眞僞、紙張、創作時間等加以甄別、鑒定之處。如《米元暉墨蹟》一則，稱「嘗見敷文公畫題云：待次平江作於大姚村妹家。此帖有『自到村居』之語，而且流落吳中，豈亦在妹家時作耶」。又如《樂毅論》一則，通過考證史料而得出《樂毅論》眞本於唐時已失，世傳之本皆爲摹寫的結論。

〔註169〕（明）都穆：《南濠居士文跋》卷一《申鑒》，明刻本。
〔註170〕（明）都穆：《南濠居士文跋》卷三《宋思陵宸翰及元人諸帖》，明刻本。

餘　論

　　相對前後各代書目而言，明代書目主觀性、靈活性、實用性的特點較為突出。在編纂體例方面，明代書目的部類數量較之前代多有增加，新類目紛紛出現，一些特殊的舊有類目及內容亦得以重新調整歸置。一部書目之中，往往多種分類依據並用，且注重兼顧插架目錄與分類目錄的雙重屬性。下文從明代書目的編纂體例著手，結合明代的學術風氣以及目錄學思想，試對明代書目的特點及成就作出大概的總結。

一、明代書目中多樣化的類目設置

　　南宋時鄭樵即明確提出了「會通」的目錄學理論。「會通」者，融匯天下古今之理而彼此貫通，強調的是事物之間相生相長的聯繫性、連續性、全域性。以「會通」思想觀照書目的類例設置，則書目的類例不僅應兼容並蓄、包舉萬象，亦應界限清晰、歸置得宜；不僅要體現出類目之間的橫向比較，更要體現出單一類目內部的縱向聯繫；不僅要反映出該書目所包含的書籍種類，也要反映其蘊含的時代特徵。所謂「類例既分，學術自明，以其先後本末具在」〔註1〕者也。鄭樵編撰的《通志・藝文略》設十二類，打破了隋唐以降的四部分類傳統，開明代書目類例設置多樣化之先河。自《文淵閣書目》之後，明代諸家書目在類目的設置安排上皆未照搬舊制，或甲乙四部，或突破四部而至五部、六部、十一部、四十部等，具有鮮明的個人色彩。

〔註1〕　（南宋）鄭樵：《通志二十略・校讎略》，第 1804、1805 頁，北京：中華書局，
　　　　1995 年。

對於明代書目類例的因革、特點、缺陷等情況，王國強已做有較爲完備詳致的分析研究（按：參見王國強《明代目錄學研究》第五章「明代書目類例」）。在探討明代書目的類例變革時，王國強高屋建瓴，以時間線爲軸，自《文淵閣書目》始，至《奕慶樓書目》止，對《菉竹堂書目》、《百川書志》、《國史經籍志》、《紅雨樓書目》、《世善堂書目》、《玄賞齋書目》（按：非爲明代書目）、《澹生堂書目》、《脈望館藏書目》等類例較爲完備的書目一一進行分析，概述其設置情況，總結其類例特點。王國強的研究主要是圍繞明代書目對四部分類法的繼承及突破展開的，認爲明代書目於類例設置上打破了以儒家經典爲中心的傳統方式，多有創新，同時亦兼具邏輯不一、鉅細不一、涵義未明等缺陷。筆者對這一觀點甚爲贊同，故而不欲贅言續貂。然而，王文在舉例分析時，往往是以藏書目錄爲對象，對方志藝文志、戲劇、宗教、醫學、經學等專門性、特殊性目錄的類例設置情況並未加以討論（按：亦有個別於前文介紹該書目概況時略有提及者，如《醫藏書目》等），於研究的覆蓋面上略有遺憾。

從著錄內容看，明代有兼顧四部的綜合性書目，又有經學、宗教、戲曲、醫學等專科性書目，又有專記刻書、引書、辨僞、個人著述等的特種書目。更有部分書目跳脫了專記書籍的範疇。如《古今書刻》記書籍、石刻，《南雍志・經籍考》兼及書籍、板片，《曲品》、《錄鬼簿續編》先記作家、後記作品，《南詞敘錄》綜合「敘」、「錄」二體等。多樣化的著錄內容對類目設置的多樣化產生了直接的影響，這是明代書目研究中不可迴避的問題之一。

基於此，本節綜合歸置了明代的公藏、私藏、史志、專科、特種等多種性質的書目，以類目設置的數量爲標準對這些書目做了大概的分類統計。對王文研究精到之處不作重複討論，對王文探討未及之處則試加分析、詳其未備。

（一）二分法與三分法的採用——主要以專科目錄爲例

徐渭《南詞敘錄》分宋元舊篇與本朝兩類，著錄南曲 116 種。朱權《太和正音譜・群英所編雜劇》採取了鄭樵所謂「以書類人」的做法，先依作者身份分群英所編雜劇、古今無名氏雜劇及娼夫不入群英三大類，復將作品著錄於個人名下。共著錄作者 81 人，作品 568 種。

採取二分法或者三分法的書目，其著錄的內容（按：書或人）往往數量較少、性質較爲單一，故而無需多加分類。其在著錄時多以朝代爲依據進行類目的劃分（按：《太和正音譜・群英所編雜劇》之「群英所編雜劇」類下分

爲「元」、「國朝」二類），顯得簡約有序。

值得注意的是，成化間的《吳文定公藏書目》依經、史、子三部次序著錄、分易、書、詩、禮、春秋、論語孟子、孝經、經經解、經〔註2〕、經樂〔註3〕、儀注、讖緯、經小學；正史、編年、起居注、雜史、雜傳、霸史僞史、史抄、傳記、霸史僞史、史評史抄、故事、職官、刑法、地理、時令、譜牒、目錄；儒家、道家 33 類。中有類目設置重複者，或爲編目之失。該目偏重經史，子部以儒家類爲重（按；子部著錄 94 種，儒家占 91 種），不著錄集部書籍，具有強烈的學術性意味。

（二）對四部分類法的繼承——主要以綜合性書目為例

從部類設置的數量上看，明代的《百川書志》、《徐氏家藏書目》、《澹生堂藏書目》、《笠澤堂書目》等採用了傳統的四部分類法，並在傳統四部的基礎上對類目的設置多有增改。

嘉靖年間的《百川書志》分經、史、子、集四部，下分二級類目 89 類，著錄書籍 2136 種。徐㶿《徐氏家藏書目》有七卷本與四卷本之分，然其部類皆設爲經、史、子、集四部。《笠澤堂書目》〔註4〕依經、史、子、集四部次序排列，設二級類目 38 類，著錄書籍 2297 種。該目僅於經部、集部標有「經」、「集」的字樣，史部、子部未做標識，而是直接排列二級類目，可視爲暗分四部的做法。

萬曆間周偉主編的《白鹿洞書院志·書籍總目》後附有院藏書目，分爲聖製、經部、史部、子集部四部。首設聖製部的辦法遵循了明代尊重本朝聖製的風氣，將子、集合爲一部，則凸顯了院藏書籍偏重經史的特點，照顧了藏書的具體情況，均衡了各部數量。

李夢陽《白鹿洞書院新志·書籍志》分經、子、史、集、鏤板五部，其中「鏤板」部爲該院雕版的數量統計，不計入內。其經、子、史、集的部類設置乃是對《中經新簿》甲乙丙丁之沿用。

明代的四分法書目中，子類目設置最爲詳覈者當爲祁承㸁編撰的《澹生堂藏書目》〔註5〕。該目分經史子集四部，下設 47 大類，又設 248 小類，又

〔註2〕　按：此類所著錄的書籍依內容看亦爲「樂」，當與下一類目「樂」爲一類。
〔註3〕　按：未標注類目名，依該類所著錄書籍的內容看，當爲「禮」類。
〔註4〕　按：山東大學圖書館藏稿本。
〔註5〕　按：徐氏鑄學齋刻本。

於經部續收易類之下分設宋元及其他兩類，是爲四級分類法，總收書 9074 種。祁承爍藏書極富，書籍種類極多，前文已有介紹。《澹生堂藏書目》的類目設置是祁氏根據家藏書籍的情況改進傳統類目而成，乃其「因」、「益」思想的具體實踐。

該目經部易類設有拈解類、擬易類，是對易類書籍內容的細化。新增理學類，下設性理、詮集、遺書、語錄、論著、圖說 6 小類，乃是明代理學思想成熟的表現。史部設約史類，著錄的《竹書紀年》、《帝王紀年》、《歷代君相事略》、《歷代纂要》等書，「既非正史之敘述，亦非稗史之瑣言，蓋於記傳之外自爲一體者也」〔註6〕；子部之末設有叢書類，下設國朝史、經史子雜、子匯、說匯、雜集、彙集 6 小類，乃是叢書作爲單獨類目見載於書目之最早者。集部又有餘集，設逸文（附摘錄）、豔詩（附詞曲）、逸詩（附集句摘句）3 小類，乃祁氏所稱「文又滑稽，詩多豔語，搜耳目未經見之文，既稱逸品；摘古今所共賞之句，獨誇粹裘。非可言集，而要亦集之餘也」〔註7〕之故。

此外，胡宗憲編纂的（嘉靖）《浙江通志卷・藝文志》分經、史、子、集錄四部，下設五級類目，著錄書籍 1766 種。該目將經書、傳注、考辨、音訓等不同性質的書籍分別歸類著錄，對朝代的標注也甚爲明確，類目設置十分細密。

明分四部之外，又有如朱睦㮮《萬卷堂書目》依四部次序分 39 類者，亦可看做對四部分類法的沿用。李如一《江陰李氏得月樓書目》、聶良杞《百泉書院志・書籍》、岳和聲《共學書院志・典籍・書目》、李應升《白鹿書院志・藏書》等皆採用了這種著錄形式。

（三）對四部分類法的突破──主要以綜合性書目爲例

四部分類雖稱均衡，但並非明代書目類例設置的主流形式。自《文淵閣書目》以國朝爲首、並設 40 類始，明代大多書目皆跳脫四部之囿，或將傳統四部之子類目析出與四部並行、甚至取代四部，如《行人司書目》將集部分爲文、雜二部，又設典部，與經、史、子並爲六部；《晁氏寶文堂書目》將諸經總錄、易、書、禮、史、子、子雜等並作一級類目，設爲 33 類。或新創類

〔註6〕 （明）祁承爍：《庚申整書略例》，《經籍會通（外四種）》，第 88 頁，北京：北京燕山出版社，1999 年。

〔註7〕 （明）祁承爍：《庚申整書略例》，《經籍會通（外四種）》，第 89 頁，北京：北京燕山出版社，1999 年。

目與四部並行，如《世善堂書目》於經、史、子、集外又設「四書」、「各家」二部；孫愼行、張鼐《虞山書院志・書籍志》分 11 類。此外，將御製、典制、國朝史析出並前置，將釋道二部附於子部之後或四部之後，將理學單置於經部之外，將類書置於子部末，將叢書單獨歸類，將詩、文分置，將志書置於全目之末，重視經濟類，創設舉業類等，皆是明代書目中較爲普遍的做法。

1. 五分法、六分法、七分法、八分法的採用

綜合性書目中五分法、六分法、七分法、八分法的出現，往往是將御製、典制、類書、叢書、釋道二家等特殊部類從四部中析出、與四部並置而成。將御製單置的做法始於王應麟，爲楊士奇、陸深等明代諸多目錄學家採用，「以示不敢瀆」〔註8〕。類書的歸置歷代皆有爭議，經歷了自類事至類書、自史部至子部的演變。鄭樵《通志・藝文略》始將類書單設一部歸置，這種做法爲陸深、胡應麟等認可並沿用。叢書在明代書目中的歸置大致是按照散置、設爲一類、設爲一部的軌跡演變的。成書於清初的《奕慶樓書目》分經、史、子、集、四部匯五部，當是將「叢書」單設一部之濫觴〔註9〕。釋道二家自問世至明，經歷了由學術性向宗教性的演變，其於歷代書目中的歸屬也隨其自身性質的演變而不斷變化。明代諸家書目對此二家的歸置做法不一，楊士奇等人沿用《七錄》、《隋志》的傳統，將二家單置且與四部並行。

其中，胡應麟《二酉山房藏書目》設經、史、子、集四部，又將類書單置於四部之外。焦竑《國史經籍志》設制書、經、史、子、集五部，後又有附錄，著錄對前代藝文志的糾謬 9 則。《續文獻通考・經籍考》首設內府書，後則大致依照經、史、子、集次序著錄。曹學佺《蜀中廣記・著作記》於四部之外設「內典、玄書」部著錄佛經、道經，設「地理志部」著錄地理書、志書。徐圖《行人司重刻書目》分典部、經部、史部、子部、文部、雜部六部。典部內有典制、志書、律書、刑法、奏議等書籍；雜部則爲書畫、方技二類。（景泰）《建陽縣志續集・典籍》前有制書類，中爲經、史、子、集四部，後有雜書類，著錄類書、筆記小說、地理書、韻書、工具書、醫書等書籍。陳第《世善堂書目》於經、子、史、集外又設「四書」、「各家」二部。

〔註8〕（明）胡應麟：《經籍會通》，《經籍會通（外四種）》，第 24 頁，北京：北京燕山出版社，1999 年。

〔註9〕按：參見江曦：《最早設立「叢書部」之書目考辨》一文，《圖書館雜誌》，2010年第 10 期。

其經、子、史、集的排序爲《新簿》古意；四書單設體現的則是時代學風；子部下設諸子、輔道諸儒書、各家傳世名書 3 類，所載皆爲經書之外的各家學術性著作；各家部所載則爲農圃、天文、時令等雜藝書籍。《世善堂書目》的類目的設置體現出陳第本人對於書籍學術性與非學術性的思考，顯得極爲可貴。《脈望館藏書目》設經、史、子、集、舊板書、碑帖、續增書畫七部，其中舊板書一類體現出明代中後期目錄學家對版本的重視，是對《趙定宇書目》板本思想的延續。

梅鷟《南雍志‧經籍考》下篇記書板，分制書、經、史、子、文集、類書、韻書、雜書 8 類，著錄南監校刻書板 300 種。

綜合性書目之外，作爲經部專科目錄的《授經圖義例》、《經序錄》皆依五經之序分爲五類。道藏目錄中，《道藏經目錄》、《道藏目錄詳注》依三洞四輔次序分部。佛經目錄中，《南藏目錄》依教義分爲大乘經、小乘經、宋元入藏諸大小乘經、西土聖賢撰集、大乘律、小乘律、大乘論、小乘論、續入藏諸經、此方撰述十類，後附請經條例。《大明三藏聖教北藏目錄》是與《南藏目錄》的對校目錄，與《南藏目錄》體例一致，依經、律、論及撰述次序分類。又有《道藏闕經目錄》依《道藏經》次序著錄而不做分類。《續道藏經目錄》只有「正一部」。《續入藏經》（按：又名《大明續入藏諸集》）著錄藏經41 函 410 卷，皆爲「著述」類。《藏逸經書》不作分類，著錄《永樂北藏》所未收之佛經 101 種。釋道二家的續補目錄皆依照所補闕的對象體例排序。然其續補的各部書籍數量不定，有的部類無書可補，故一般不做類目的標明。戲劇專科目錄中，呂天成《曲品》上卷分四類著錄作者，下卷分三類著錄作品。祁彪佳《遠山堂劇品》以藝術風格爲依據，分妙、雅、逸、豔、能、具六品。《遠山堂曲品》體例與《劇品》一致，惟於六品之後又設雜調一類，體現出戲曲的內容特色。

2. 十分法以上的多部類並行方法

自《文淵閣書目》設類四十之後，明代書目多有將傳統四部中的二級類目析出、與四部並行甚至替代四部者。王國強認爲明代書目這種平面式展開的類例設置不僅使類書、僞書、西學等特殊書籍的歸類變得合理，且「打破了以儒家經典爲中心的傳統書目類例，具有一定的思想解放意義」〔註10〕。

〔註10〕 王國強：《明代目錄學研究》，第 196 頁，鄭州：中州古籍出版社，2000 年。

　　公藏書目中，錢溥《秘閣書目》分爲三十七類。該目乃是摘錄楊士奇《文淵閣書目》而成，類目亦大致沿用了《文淵閣書目》舊制。該目後爲溥子山補錄之「未收書目」，分爲經史子集緊要待用、經、史、子書、司天考、兵書、醫書、雜藝、文集、詩集、奏議、總集十一類。其類目之間的邏輯關係較爲混亂，或爲臨時擬就的求書目錄。

　　萬曆三十三年（1605）孫能傳重整內閣藏書，編定的《內閣藏書目》在《文淵閣書目》的類目基礎上進行合併刪減，設爲十七部。該目保留了《文淵閣書目》首列制書、末置志書以及設立理學類的傳統，重設經、史、子、集四部，將四部與聖製、總集、類書、金石、圖經、樂律、字學、理學、奏疏、傳記、技藝、志乘、雜十三部並行。其志乘部下又按地域做二級類目〔註11〕，則是對《文淵閣書目》類目設置方面的進一步改善。

　　書院藏書目中，嘉靖年間鄭廷鵠主編的《白鹿洞志》有書目兩種：一爲《白鹿書院類分書目》，分經部、史部、子部、集部、鏤板、器皿、新增、新修八類。一爲《白鹿書院續增書籍總目》，按照贈書人分爲十類。這些類目的設置方式如實反映出了藏書的增修情況，凸顯了捐贈書籍在書院藏書中的重要性，具有隨書登錄的帳簿屬性。

　　成書於萬曆三十四年（1606）的《虞山書院志・書籍志》分 11 類，首列聖製、典制、經、子、史，單設理學、類書、經濟，將集部分爲詩、文二部，將醫書、小學等入雜部。該目的類例設置展現出書院藏書的政治性、學術性特點。其理學、雜部的設置以及對小學、經濟二類的單列乃是對《文淵閣書目》、《內閣書目》設類方式的沿用。

　　私家書目中，成書較早的《趙定宇書目》設類 31，將楊慎著述目錄、沈濱莊藏書、稗統、內府板、宋板、元板等與經、史、子、集、理樂、佛、道等並舉，看似粗率，實則包含巨大的信息量，簡而不陋。楊慎著述目錄、沈濱莊藏書、《稗統》細目等珍貴信息賴《趙定宇書目》以傳世，而該目以板本設類的方式更開時代之先河。業師杜澤遜教授指出：「專重宋版則自明代始，萬曆間趙用賢纂《趙定宇書目》……中有『內府板書』、『宋板大字』、『元板書』三類，當爲以版本性質劃分圖書類別之嚆矢」〔註12〕。

〔註11〕按：王國強稱《內閣書目》「所設各類，一律稱部，不復分小類，在體例上與《江東藏書目錄》等書目相仿」，或爲失察之誤，參見《明代目錄學研究》，第 166 頁。

〔註12〕杜澤遜：《張元濟與〈寶禮堂宋本書錄〉》，《出版大家張元濟・張元濟研究論

又有《晁氏寶文堂書目》，以御製 21 種為首，下分 33 目，著錄書籍 6948 種〔註 13〕。該目的分卷很有特色，較好地照顧到了各類內容的歸屬。其上卷主要著錄經史子集之「正書」，中卷及下卷則是由史部、子部等部析出並行的二級類目，如類書、子雜、樂府、經濟、舉業等，末為釋道二家。

此外，又有如《九學十部書目》、《玩易樓書目》、《江東藏書目》、《博雅堂藏書目》之類，書目皆亡佚不可見，僅憑他書所載得其大概。今析錄如下，以供參考。

嘉靖中茅坤治《白華樓書目》，其孫元儀改編為《九學十部目》。九學者為經、史、文、說、小學、兵、類、數、外九部，又加世學而為十部。其「世學」一類所載錄者當為茅氏家學著述。這種為個人著述單獨設置一項類目的做法與《趙定宇書目》中之「楊升庵書集目錄」、《脈望館藏書目》中之「升菴」相類，當為明代書目之首創。

沈節甫《玩易樓書目》分制、謨、經、史、子、集、別、志、類、韻字、醫、雜十二類。該目以制、謨冠首，乃示敬重王言；設「別」類著錄別於聖人之道的其他道論；將志書單列，反映出明代方志纂修之盛；以韻字、醫書、類書脫離四部之外，乃是採鑒了鄭樵十二部分類法的傳統；又設雜類，著錄小道之流。該目已亡佚，其類例為祁承㸁《澹生堂藏書訓約》所載，得以流傳至今。

陸深《江東藏書目》分制書、經、理性、史、古書、諸子、文集、詩集、類書、雜史、諸志、韻書、小學醫藥、雜流十四類。胡應麟《經籍會通》轉錄有陸深自撰之《江東藏書目序》，序中介紹了該目的類目設置及分類依據。陸深認為「聖作物睹，一代彰矣，宣聖從周，遵一統故也」，故「特為一錄，以次宸章令甲，示不敢瀆」，將制書冠之於首，又認為類書具有「山包海匯，各適厥用」〔註 14〕的價值，故單設為一類。其將韻書與小學分離、小學與醫藥合著的歸類方式於邏輯似有不通之處，或乃根據家藏情況而作劃分亦未可知。

文集》，第 636 頁，上海：學林出版社，2006 年。

〔註13〕 按：此 6948 種內有多種具有不同版本，如《玉臺新詠》有「一部二本，一部六本有續集」，《韻府群玉》有「元刻一部，監刻一部，弘治刻一部」等，統計時皆按一部算。

〔註14〕 （明）胡應麟：《經籍會通》，《經籍會通（外四種）》，第 24 頁，北京：北京燕山出版社，1999 年。

孫樓《博雅堂藏書目錄》分制書、經、史、諸子、文集、詩集、類書、理學書、國朝雜記、小說家、志書、字學書、醫書、刑家、兵家、方技、禪學（附道書）、詞林書十八類，並以試錄、墨卷附於其後。該目亦將詩、文分列，釋道、類書、理學、志書皆獨立四部之外，設有單獨著錄明代人著作的「國朝雜記」一類，體現出明代目錄學家書目分類意識的強化以及對當代文獻的重視。其刑、兵、方技類的設置乃是《七略》分類法之餘韻。該目今佚，來新夏《目錄學讀本》載其類目，王國強《明代目錄學研究》載孫樓生平及藏書概況，又有《博雅堂藏書目·序》存世，可供參考。

專科目錄中，賈仲明《錄鬼簿續編》採用了「以書類人」的做法，著錄作者 71 人，各人作品附後。徐渭《舊編南九宮目錄》則依宮調分 36 類。又有殷仲春《醫藏書目》設 29 類，著錄醫書 549 種。專科目錄著錄的書籍內容性質較爲單一，類目的設置往往從著錄內容的專業屬性或藝術價值等角度出發，且無需顧及各類之間的數量是否均衡。

刻書目錄有兼記書籍、板片者，如《南雍志·經籍考》、《明太學經籍志》等。有兼記書籍、石刻者，如《古今書刻》。周弘祖《古今書刻》分爲上、下二編。上編載各省所刊書籍 26 類 2489 種，下編錄各直省所存石刻 15 類 920 種。該目爲通記古今刻書詳情者，往往會有一書於歷代、各地皆有刻本的情況。面對這種情況，採用依地域設類的方式較之四部分類法則更爲直觀，一目了然，便於檢核且不易遺漏。

3. 其他著錄方法

又有不作分類，僅依藏書櫃位次登錄者。此類書目著錄極爲簡率，爲單純的登記性書簿。如《濮陽蒲汀李先生家藏書目》依藏書室與書櫃的位置登錄爲 3 間 14 櫃，著錄藏書 1632 種。《明太學經籍志》下分 7 櫥著錄書籍等。依櫥登錄的編目方式看似簡陋無章，但其中往往蘊含著藏書家的書籍歸類思想。如《濮陽蒲汀李先生家藏書目》雖依櫥歸類，但有 4 櫥爲所收書籍編有類目名，如「官書」、「不全舊書」、「時書」、「藥書」等，這便是藏書家在將書籍歸櫥之前、曾依類擺放書籍的明證。

又有毛晉《汲古閣校刻書目》，先列經史，次之以毛晉所輯大型叢書《津逮秘書》，次之以《文選》、《玉臺新詠》等大型總集，次之以詩文集，始於漢魏，歷唐、宋、元而終之以明，次之以譜錄、方志、醫書、釋道、筆記等，而以詞曲雜劇末之。

二、明代書目對多種分類依據的採用

類例是讀者瞭解書目內容及著錄特點等信息的最優先途徑。所謂「類例既分，學術自明」是也。就書籍的分類情況看，千字文、分櫥等是與分卷體系相結合的，照顧的是書籍的篇幅、種類、數量等問題。而書籍的內容、性質、地域、朝代以及教義、藝術風格、藝術品評等才是書目類例設置所採用的依據。一直以來，學界對書目類例的研究皆集中於對類目的損益流變、類目之間的關係以及類目歸置問題的討論，如自七分法至四分法的流傳演變、小學是否應當歸屬經部、類書是否應置於子部、釋道二家歸置何處等。對類目背後的設立依據則少有考察。

筆者認為，欲明類例，則必先明其設類依據。一般來說，採用單一化的設類依據，如書籍的內容性質、地域、年代、作者等，可以最直接地避免書目歸類過程中產生邏輯混亂的情況，防止重複設類、重複歸類等問題的出現，方便讀者檢索。但同時，單一化的設類依據亦湮沒了書籍的個性化特徵，無法直接傳達書籍的創作年代、創作地點、作者、版本、傳藏等重要信息，於書目的文獻價值方面或多有折損。這種信息匱乏的遺憾唯有憑藉解題等著錄內容加以補闕，而於書目直觀性方面的損失則無法挽回。

就明代書目而言，其為後世詬病的最主要原因便在於對解題的忽視，無法很好地發揮書目「辨章學術、考鏡源流」的功用。明代書目著錄簡略，少有解題。然於解題之外，明代目錄學家採用了多種形式記錄書籍信息、抒發學術觀點。如《國史經籍志》的大小序、徐熥、都穆、王世貞等人的序跋等。類目設置依據的多樣化並用亦是其形式之一。

類目設置依據的多樣化可以通過類目名稱的多樣化體現。明代書目中多有新創類目，如《文淵閣書目》之「國朝」，《趙定宇書目》之「內府板書」、「宋板大字」、「元板書」，《澹生堂書目》之「國朝史」等。這些類目名稱中直接保存了所收書籍的作者身份、版本、年代等信息，且起到了合併著錄的作用，避免了解題的重複累贅。

明代書目多種分類依據並行的表現形式之一是將「御製」單獨設類與經史子集等並行。這種將作者身份與書籍內容性質並行的設類方式，體現了目錄學家的主觀能動性以及明代書目的人性化色彩。而將書籍的內容性質與地域、年代、版本等多種分類依據相結合的做法，則體現了明代目錄學家的創造力以及對類目設置的學術性思考，是明代目錄學思想的直接表現。

　　分類依據的多樣化並用是明代書目的標誌性特徵之一，亦是研究明代書目類例設置時不可忽略的問題。

（一）設類依據的單一化——以專科目錄為例

　　專科目錄因著錄對象的內容性質單一，故其設類依據也往往較為單一。如《授經圖義例》、《經序錄》等依五經次序歸類；釋道二家依教義歸類；《舊編南九宮目錄》依宮調分類；徐渭《南詞敘錄》依朝代分類；《遠山堂曲品》、《遠山堂劇品》以藝術品評分類等。《錄鬼簿續編》則採取了「以書類人」的方式，以作者為單位著錄元末明初戲曲作家，有作品存世者將作品著錄於該作者之後，共著錄 71 人 80 種。正文之後附錄有佚名傳奇 78 種，題「諸公傳奇失載名氏並附於此」。

　　較為成熟者，則於二級類目中結合其他設類依據對著錄內容略作細化，標識著錄內容的屬性、朝代等，從而為讀者提供更多信息。如呂天成《曲品》將創作領域作為一級分類依據，將作者分為作舊傳奇、作新傳奇、不作傳奇而作南劇、不作傳奇而作散曲四類，將傳奇作品分為舊傳奇、新傳奇兩類，將作者姓名無考之傳奇附錄。又以藝術品評的高低作為二級分類依據對作者、作品進行細分。《太和正音譜·群英所編雜劇》先依作者身份分三類，「群英所編雜劇」之下又依朝代分「元」、「國朝」二類。

　　又有殷仲春《醫藏書目》者，以佛教教義與醫書內容的關聯為依據設 20 函，與 9 種醫學小叢書並行。該目將各種叢書單設一類的做法，保存了叢書的原始面貌，照顧到了叢書內部各書之間的屬性關聯，也是以書籍性質為歸類標準的體現之一。

（二）多種設類依據的平行並用——主要以《趙定宇書目》、《脈望館藏書目》等為例

　　《趙定宇書目》中有「稗統目錄」、「稗統後編」、「稗統續編」三類。《稗統》為流傳於明清之際的大型筆記小說叢書，後失傳。於《趙定宇書目》外，該書惟見載於清初孫慶增的《藏書紀要》：「……必於《稗統》、《稗海》、《百川學海》……等書，擇其卷數完全刻本，與宋本、舊抄、秘抄本對明……」〔註15〕《趙定宇書目》中「稗統目錄」類下稱「黃葵陽家藏」，則該目或為趙氏自

────────────

〔註15〕　（清）孫慶增：《藏書紀要·鑒別》，《經籍會通（外四種）》，第 99 頁，北京：北京燕山出版社，1999 年。

黃洪憲家藏《稗統》抄錄而成。其中《野記》書下稱「用刻本」、《靖難記》書下稱「用抄本」的字樣，當爲趙氏抄錄時之增益。

明中期以降，目錄學家的版本意識逐漸抬頭，各家書目對版本的著錄皆多有強調。趙氏藏書善本極多，《趙定宇書目》首次將版本作爲類目的設置依據使用，開時代之先河。該目設「內府板書」、「宋板大字」、「元板書」三類，依版本歸置書籍，於各類之下復作版本細化，如「宋板大字」之「小字《文選》」、「大板《通鑒》」，「元板書」之「麻沙板《五代史》」、「大字《唐柳文》」、「大板《紀事本末》」等。這種設類方式既凸顯了善本，又避免了著錄中的重複繁瑣，顯得簡要精練。《脈望館藏書目》沿用了這一方法，將「石刻《十三經》」與「北監本《十三經注疏》」於經部單列，又設「不全舊宋元板書」與「舊板書」二類著錄善本。此外，（嘉靖）《建陽縣志・儒學尊經閣書目》將圖書分爲頒降書與書坊書目兩類，也是以版本作爲分類依據的表現。

《趙定宇書目》中的「沈濱莊」類爲趙氏所得之沈氏藏書。沈氏藏書情況而今少見記載，《趙定宇書目》將其單獨設類著錄，保存了沈氏藏書的內容、數量甚至大致歸類等情況的原始概貌，成爲珍貴的文獻資料。

《趙定宇書目》「本朝文集」類中著錄有《白華樓藏稿》一部，乃茅坤詩文別集。茅坤善古文、喜藏書，於嘉靖中編《白華樓書目》著錄家藏。該目後爲其孫元儀改編爲《九學十部目》。九學者，爲經、史、文、說、小學、兵、類、數、外九部，又加世學而爲十部。及遭國變，茅氏藏書並書目皆散佚無蹤。究該目類例，則「世學」類所載錄者當爲茅氏家學撰著。這種爲個人著述單獨設類的做法與《趙定宇書目》設「楊升庵書集目錄」類相同，當爲明代書目之首創。其後的《脈望館藏書目》保留了「升菴」類而歸於史部，則於學術性而言顯得更爲規範。

此外，《趙定宇書目》卷首史書類前有「天字號」字樣，這是千字文編號法在私家藏書目中的首次應用。其後《脈望館書目》延續了這一傳統，在書目中完整採用了千字文編號分櫥收納的方法。

《趙定宇書目》綜合採用多重分類依據的類目設置方式對趙琦美《脈望館藏書目》的編纂產生了直接的影響。後者不僅採用了完整的千字文編號法，且依書目性質、地域、朝代、版本等多種分類依據設置有三級類目，對《趙定宇書目》的既有類目進行了增益拆合。其將經部前置，將個人著述目錄入史部，將集部合併，將善本書末置等做法，則於目錄學體例上較之《趙定宇

書目》更趨成熟。

（三）多種設類依據的立體結合——主要以集部、史部為例

　　王圻《續文獻通考・經籍考》將內府書與經史子集四部書籍並為一級類目，設類 41。之後又依朝代作二級分類，將內板書分「宋」、「遼」、「金」、「元」、「皇明」五類，又將傳記、地理、儒家三類之中的「皇明」類皆單獨標明，顯示了對本朝書籍的重視。

　　周弘祖《古今書刻》將刻書單位（按：都察院、國子監、南北直隸、各省等）作為一級類目設定依據，將書籍性質（按：如南京國子監之下分經書、子書、史書等 7 類）、地域（按：如北直隸之下分順天府、保定府、真定府等 8 類）、特殊刻書單位（按：如布政司、按察司、鹽運司、播州宣慰司、曲靖軍民府、金齒使司等行政機構，五經書院、福州府學等書院府學；書坊；吉府、遼府、汝府、趙府、德府、魯府等藩府）等並用作二級分類依據，又將書籍性質用作三級分類依據，將書坊類細化為四書類、五經類等 10 小類。該書是通記古今刻書概況的專門性書目，刻書活動受刻書群體的主觀能動性影響較大，具有顯著的地域性特點，故而該書在設類時以刻書者（按：刻書單位或地域）為主要依據、以書籍的內容性質為次要依據，以求在保證書目的邏輯性的基礎上兼及學術性。

　　《澹生堂藏書目》是明代書目綜合採用多種分類依據的典範。橫向看，該目採用經史子集四部分類法，乃是以書籍的學術屬性為設類依據。而其史部將「國朝史」單設一類，與正史、編年、通史等並行，則混用了時間性與學術性兩種依據。其子部「叢書類」亦將「國朝史」首置，著錄明代所編叢書 8 種。之後再依性質分經史子雜、子匯等各類。將「國朝」類單置是明代書目的傳統，自《文淵閣書目》之後，明代多家書目皆單設「國朝」類著錄御製、典制書。後世訛託董其昌的《玄賞齋書目》設「國朝史部」，與經、史、子、集、釋道並行，則尊周之意更為突出。縱向看，其史部「國朝史・分紀」下分「洪武」、「建文」、「永樂」等 9 類；「野史・稗史」下分「三代」、「漢晉六朝」、「唐」、「宋」、「元」5 類；子部「小說家類・雜筆」下分「唐」、「宋」、「元」、「國朝」4 類，其分類依據皆是從上級類目的學術屬性過度到了以朝代為據的時間屬性，屬於多種設類依據的縱向轉化。

　　最為典型的是其集部「別集類」。該類之下設「帝王集」，與「漢魏六朝詩文集」、「唐詩文集」、「宋詩文集」、「元詩文集」、「國朝御製集」、「國朝閣

臣集」、「國朝分省諸公詩文集（南直）」、「國朝分省諸公詩文集（北直河南山東秦晉）」、「國朝分省諸公詩文集（兩浙）」、「國朝分省諸公詩文集（江西）」、「國朝分省諸公詩文集（福建東西兩粵）」、「國朝分省諸公詩文集」諸類並行。一類之中兼採了政治性（按：帝王、國朝御製、國朝閣臣、國朝分省諸公）、時間性（按：漢魏六朝、唐、宋、元、國朝）、地域性（按：南直、北直河南山東秦晉、兩浙、江西、福建東西兩粵）三種分類依據，爲讀者提供了大量信息。

　　集部書籍具有作者身份複雜、地域跨度大、內容覆蓋面廣、數量龐大的特點。祁承㸁非常重視檢索書籍之法，曾於鄭樵「求書八法」之外復增三法，爲世人求書提供線索。其於《澹生堂藏書目》別集類將三種分類依據並用的做法，既遵循了明代書目重視御製、國朝等類的特點，又最大限度地照顧到了書籍的時代性、地域性，兼顧學術性，從而方便讀者「因人」、「因代」、「因地」檢索書籍。

　　「（書籍）別品類爲難，別品類於史則尤難」〔註16〕。徐㸁《徐氏家藏書目》在爲史部設類時，結合了書籍內容屬性、地域、朝代三種分類依據，於史部之下設正史、旁史、本朝史、人物（聖賢）、人物傳（歷代）、人物傳（各省）、名賢傳記、姓氏、族譜、年譜、科目、家訓、方輿、總志、福建省（郡縣山川寺院）、北直隸、南直隸、浙江省、江西省、湖廣省、山東省、河南省、四川省、廣東省、廣西省、陝西省、山西省、雲貴二省、邊海、外夷、各省雜志、各省題詠 32 類。

　　四卷本的《徐氏紅雨樓書目》將七卷本的人物（聖賢）、人物傳（歷代）、人物傳（各省）三類置於「人物傳」之下；以「分省」一類替代了七卷本的「福建省（郡縣山川寺院）」、「北直隸」、「南直隸」、「浙江省」、「江西省」、「湖廣省」、「山東省」、「河南省」、「四川省」、「廣東省」、「廣西省」、「陝西省」、「山西省」、「雲貴二省」十四類。四卷本的做法理清了七卷本中多重設類依據混雜的情況，顯得邏輯清晰。

　　方志爲志一地之史者，具有性質單一、地域性明顯的特徵，故綜合性書目中多依地域設類歸置。孫能傳《內閣藏書目》先依經史子集等設 17 部，復於志乘部下依地域分 16 類。

〔註16〕　（明）祁承㸁：《藏書訓略》，《經籍會通（外四種）》，第 84 頁，北京：北京燕山出版社，1999 年。

作爲地域性史書的組成部分之一，方志藝文志的任務是通記該地古今著述，兼有地域性、時間性的雙重特點。故而方志藝文志於著錄中多將地域、朝代作爲類目的設立依據。明代方志藝文志中，（成化）《杭州府志・書籍》先依地域（縣）分爲9類，各縣之下復依朝代歸類。（天啓）《同州志・藝文》則將朝代作爲一級類目、將地域作爲二級類目，之後採取「以書類人」的方法，先記作者，將作品歸於各人名下。（嘉靖）《寧波府志・藝文》、（嘉靖）《青州府志・藝文》也採用了類似的方法，先依朝代著錄，復「以書類人」，著錄作者、作品，則作者亦爲設類依據之一。將地域、朝代、作者作爲上級類目的分類依據而將書籍附於其下的做法，凸顯的是藝文志自身的史書特徵，便於讀者檢索查核。

此外，又有以（嘉靖）《浙江通志・藝文志》爲代表的凸顯書籍自身學術性的藝文志編纂方式。嘉靖間胡宗憲主編的《浙江通志・藝文志》先依經、史、子、集錄分四部39小類。於經部各小類下，依經文、傳注、疏文、外書等設三級類目、依朝代設四級類目。其中，四書類・注疏之下先分爲「論語」、「學庸」、「孟子」、其他〔註17〕4類，4類之下再依朝代著錄。是爲五級類目。於史部、子部、集部各類之下，則依朝代設三級類目，著錄具體書目。其中，子類・仙釋類下先分仙、釋二類；集錄・選集類下先分文、詩二類，之後復各依朝代細分，爲四級類目。

（嘉靖）《浙江通志・藝文志》的五級類目中，既有雙重分類依據於同級類目之中的並用，亦有多種分類依據於上下級類目之間的區分。該目對多種分類依據的立體化運用，體現出編纂者較強的分類意識。然而，其於同級類目之中將兩種分類依據並行的方法（按：如經部之三級類目依書籍性質設類，史、子、集三部之三級類目則依朝代設類）則打破了類目之間的邏輯聯繫。一目之中，凸顯了經部書籍的學術性，但同時也弱化了其他三部的學術色彩。

如（嘉靖）《浙江通志・藝文志》一般、將多種分類依據平面式並用的做法在明代書目中往往存在。如《文淵閣書目》將「國朝」類與易、書、詩、春秋等並置，《趙定宇書目》、《脈望館藏書目》將版本與四部並行，《澹生堂書目》別集類將四種分類依據並用，《醫藏書目》將叢書與各函並列等，不一而足。這種將設類方式模糊了各類目的界限，弱化了類目之間的邏輯聯繫，或可導致書籍的歸類混亂、查檢不便等問題，是目錄學家分類思想未臻成熟的表現。

〔註17〕按：「孟子」之後僅著錄各書，未標注類目名。全爲四書類書籍，故作一類。

三、明代插架與分類相結合的書目編製體例——兼議《千字文》編號法在書目中的意義

南朝時梁武帝蕭衍命殷鐵石於王羲之草書中拓取了一千個不重複的字，交付員外散騎侍郎周興嗣編纂成爲了內容有序之四字韻文，稱之爲《千字文》，成爲後世研習書法、兒童識字開蒙之坻本。《梁書》有載：

> 上以王羲之書千字，使興嗣韻爲文。奏之，稱善，加賜金帛。
> 〔註18〕

作爲蒙書的《千字文》不僅涵蓋了天文、地理、自然、社會、歷史等多方面的知識，更是韻腳齊整，朗朗上口。王世貞稱其爲「絕妙文章」，褚人獲贊其「局於有限之字而能條理貫穿，毫無舛錯，如舞霓裳於寸木，抽長緒於亂絲」〔註19〕。

《千字文》無一字重複、編排有序、易於誦記，是非常理想的編號代碼。依《千字文》編號書籍，可以方便歸架收藏，檢索時亦可做到有條不紊。將《千字文》作爲書籍代碼的實踐始自唐釋智昇編撰的《開元釋教錄》。此後的《開寶藏》、《崇寧藏》、《磧砂藏》、《契丹藏》、《趙城藏》、《普寧藏》等藏經編纂皆將千字文編號法運用其中。明代的釋道二家藏也遵循了這一傳統。張元濟《重印正統〈道藏〉緣起》載：「至明正統十年，重輯全藏，以千文編次，自天字至英字。萬曆三十五年《續藏》，自杜字至纓字。」〔註20〕白雲霽《道藏目錄詳注》類目設置一如《道藏經目錄》。《南藏目錄》、《北藏目錄》皆編有自天字至石字的 636 號。《續入藏經》自鉅字至史字，計有 41 號，且附錄了《南藏》有而《北藏》無的 16 號。藏經之外，宋仁宗慶曆年間以千字文編排政府檔案，稱「千文架閣法」。明清以降的科舉考棚及試卷編號、商家帳簿的編號、文書檔案甚至江河碼頭的編號亦多依《千字文》之序。

在藏經之外的書目編製中，《文淵閣書目》是第一部引入千字文編號的藏書目錄。在其之後，明代的（嘉靖）《建陽縣志·圖書》、《趙定宇書目》、《脈望館藏書目》等亦採用了這一編製體例。（嘉靖）《建陽縣志·圖書》之「儒學尊經閣書目」下設文、行、忠、信 4 櫥，著錄頒降書及教諭章悅捐資所購

〔註18〕 （唐）姚思廉：《梁書》，北京：中華書局，2000 年。

〔註19〕 （清）褚人獲：《堅瓠集》戊集卷四，杭州：浙江人民出版社 1986 年影印柏香書屋校印本。

〔註20〕 張人鳳編：《張元濟古籍書目序跋彙編》，第 1123 頁，北京：商務印書館，2003 年。

書 78 種。《趙定宇書目》設有「天字號‧史書」1 類，體現出趙用賢藏書編目實踐中的千字文編號意識。趙琦美《脈望館藏書目》較爲成熟地運用了千字文編號法，自天字至調字共設 31 號（按：實爲 30 號，正文中無成字號），著錄藏書 4760 種。

在討論書目採用千字文編號的意義時，來新夏《目錄學讀本》認爲《脈望館藏書目》「既是經史子集四部分類目錄，又是千字文編號排架目錄。分類目錄爲實，排架目錄爲虛」〔註 21〕。該書認爲千字文是爲了方便書目插架編排，這種說法甚爲中肯。然其又稱「《文淵閣書目》是用千字文編號分櫥，大致可視爲『類例的配號制度』，對於後世文獻檢索具有一定的參考價值」〔註 22〕。而王國強《明代目錄學研究》亦稱：「《文淵閣書目》、《脈望館藏書目》、《賴古堂書目》等書目都採用了以《千字文》來代表書目類目的方法，其辦法是以一字來代表一種或數種類目，這就是說，明代書目創造了以《千字文》作爲類例的配號制度的方法。」〔註 23〕來、王二家將千字文編號看做類目代號的觀點，筆者認爲不妥。

首先，千字文直接服務的對象是書籍而非類目，是古代採用的一種書號，而非類目編號。書目在編排插架的時候，會先依照內容性質分好部類。有明標類目者，如《文淵閣書目》之「國朝」、「易」、「書」等；有不標類目名者，如（嘉靖）《建陽縣志‧圖書‧儒學尊經閣書目》之大致依照頒降書、經、史、類書、集、雜的次序排列。爲方便歸置檢索，乃爲各部書籍編製代碼。千字文即是被用作這種書籍代碼而出現在書目之中的，是書籍的配號，而非類例的配號。如果將千字文看做類例代碼，那麼《儒學尊經閣書目》中各櫥之間類例重合的情況就無法得到合理解釋（按：如行字櫥有頒降書、經、類書，忠字號有類書、史書）。這種情況的出現只能是先將書籍依類歸櫥、再對書籍進行編號所致，這種編號明顯不是與類目直接相關的。

再者，千字文自從被應用爲編號代碼之後，其直接關聯的都是單位的計量，如藏經中的一「函」、十「卷」，考棚的一「間」，試卷的一「份」，銀票的一「張」，書畫的一「軸」等等。作爲編號的單字本身是以定位碼的屬性存

〔註21〕來新夏、柯平：《目錄學讀本》，第 221 頁，上海：上海交通大學出版社，2014年。

〔註22〕來新夏、柯平：《目錄學讀本》，第 138 頁，上海：上海交通大學出版社，2014年。

〔註23〕王國強：《明代目錄學研究》，第 190 頁，鄭州：中州古籍出版社，2000 年。

在，並不具有其他屬性。而類目的設置往往具有一定的學術性、包含性。將其與類目聯繫在一起的說法具有將分類體系複雜化的意味。

姚名達稱「圖書之插架，其法有二。一曰固定排列法：或標部類名稱於廚架，俾與目錄適合，如東觀藏書『並依《七略》而爲書部』是也。或標字號於廚架，而注其字號於目錄，如《開元釋教錄略出》、《道藏目錄》及《文淵閣書目》之以《千字文》編號是也」〔註24〕，認爲千字文服務的對象是書架、千字文與部類名是並行的關係。而實際上，《文淵閣書目》中的千字文編號是直接針對書籍而言的。「天字共五廚三百二十二號」，指的就是天字下有三百二十二部書。《脈望館藏書目》雖一櫥一號，但書櫥只是容器而非類目，不對書籍產生任何學術包容性，故而其所指對象仍是書籍。

千字文編號法在藏書目錄中的出現，凸顯了書目的插架編號方法，具有現代意義上的書號性質，是明代編目靈活、注重實用的體現。此外，千字文直接服務於書籍本身，以一個字號代表一部或者若干部書籍，編號不易脫漏，更不會重複。這種記載方式可以更直觀地展現藏書的原始陳列面貌，有助於讀者更好地瞭解藏書這種文化現象。

四、明代書目中新類目的設立與特殊內容的歸置

一般來說，書目是對藏書的直觀反映。而藏書作爲社會文化活動的一種，具有強烈的時代特徵。明代目錄學家往往不爲傳統四部類目所囿，而是以藏書的實際情況爲出發點，結合個人的學術思想進行編目活動。故而明代書目各具特色，類目設置時有創新，一些舊有類目及內容的歸置亦較之前代有所變動，而這些變動往往爲後世所用，成爲定例。明代書目中的創新類目以《文淵閣書目》之「四書」、「性理」、《籙竹堂書目》之「舉業」、《萬卷堂書目》之「宗室」等爲代表；舊有類目及內容的重新歸置，則可以通過御製、個人著述、類書、叢書、釋道二家等特殊內容體現出來。下文試以這些類目及內容的產生及變動爲例，對明代書目的時代特徵略作探討。

（一）藩府類的設立

朱睦㮮《萬卷堂書目》專設「宗室」一類，著錄藩府著作 40 種，與總集、別集、雜文、類書等二級類目並存於卷四，歸屬集部。《萬卷堂書目》中「宗室」

〔註24〕姚名達：《中國目錄學史》，第 113 頁，上海：上海古籍出版社，2002 年。

類的設置乃朱睦㮮的藩府宗室身份於書目中的投射，爲目錄學史之首創。明代其他書目中對藩府撰著及刻書成果亦多作特別著錄，是爲明代目錄學的一大特點。

　　藩府是明代藏書、出版界的一支特殊力量。高儒曾感慨稱「聖朝積書高士，名賢一時，非富而好禮、貴而志道莫能也」〔註25〕，而藩府則恰好兼備「富」與「志」的雙重條件。經濟上，藩王就封之後待遇豐厚，具備藏書實力。《徵刻唐宋秘本書目例》稱「中州之西亭，豫章之郁儀兩王孫，家藏與天府埒」〔註26〕。政治上，王室鼓勵藩王問學，多以圖籍頒賜。「洪武初年，親王之國，必以詞曲一千七百本賜之」〔註27〕。而藩府亦以避嫌自保爲上，因而形成了埋首經史、潛心撰述的風氣，很多藩王自身便是著名學者，著述等身。陳清慧《明代藩府刻書研究》有《明代藩府著述考》一節，考證明代各藩府著述多達 435 種。藩府著述的數量上以寧藩爲首，達 128 種，中又以獻王朱權與鎭國中尉朱謀㙔的著作爲主。朱權後期潛心道教，且長於文學藝術，又兼通醫術，所著有《神奇秘譜》、《肘後經》、《活人心法》、《臞仙宮詞》、《太和正音譜》、《續洞天清錄》等，涉獵甚廣。朱謀㙔字鬱儀，爲朱權七世孫，長於經史，於圖書則手自校刊，錢謙益稱「比西京之劉向者，周藩睦㮮之後，未有如鬱儀者」〔註28〕，有《周易象通》、《詩故》、《水經注箋》、《字源表微》等論著幾十種。其他藩府著述較多者如周藩 57 種，多爲鎭國中尉朱睦㮮所撰之經史，亦有醫書、詩文集；鄭藩著述 50 種，多爲鄭世子朱載堉所撰之韻學、譜錄；魯藩、唐藩、楚藩等則多以詩文集見長。藩王著述多有付梓，成爲藩府刻書的重要組成部分之一。另一方面，藩府子弟自幼便接受到良好的教育與藝術薰陶，財力雄厚，又無需耽於政事前途，故多與清人雅客結交，詩文相和，乃至延爲塾師者，如寧王朱權「弘獎風流，增益標勝。海寧胡奎以儒雅著名，請爲世子傅者七年，告老而歸。爲輯其詩文，序而傳之」〔註29〕之類。文人清客的著述成爲藩府刊書的另一項重要內容。據陳清慧考證，明代藩府刊刻的書籍多達 583 種〔註30〕，具有相當可觀的數量規模。

〔註25〕　（明）高儒：《百川書志序》，上海：上海古籍出版社，2005 年。
〔註26〕　（清）葉昌熾：《藏書紀事詩》卷二，北京：北京燕山出版社，2008 年。
〔註27〕　（明）李開先：《李中麓閒居集》文卷六，明刻本。
〔註28〕　（清）錢謙益：《列朝詩集小傳》閏集《寧藩中尉貞靜先生謀㙔》，上海：上海古籍出版社，1959 年。
〔註29〕　（清）錢謙益：《列朝詩集小傳》乾集下，上海：上海古籍出版社，1959 年。
〔註30〕　陳清慧：《明代藩府刻書研究》，第 149 頁，北京：北京圖書館出版社，2013 年。

　　各藩府於校刻書籍時，往往編有本府刻書目錄。黃虞稷《千頃堂書目》卷十載有《寧獻王書目》、《徽府書目》、《衡府書目》、《江寧王府書目》四種。《萬卷堂書目》卷二書目類亦載《徽府集書文冊》和《周府書目》兩種。藩府刻書目錄當爲記錄藩府刻書情況的最直接可靠的資料，惜今皆已亡佚，惟《寧獻王書目》之概況爲《四庫全書總目·史部目錄類存目》所載：

　　　　《寧藩書目》一卷（浙江范懋柱家天一閣藏本）。

　　　　　　不著撰人名氏。初，寧獻王權以永樂中改封南昌，日與文士往還，所纂輯及刊刻之書甚多。嘉靖二十年，多焜求得其書目，因命教授施文明校刊行之。所載書凡一百三十七種。詞曲、院本、道家煉度齋醮諸儀俱附焉。前有多焜《序》及《啓》一通，後有施文明跋。多焜《啓》中所稱父王者，乃弋陽端惠王拱樻，以嘉靖初受命攝寧府事。多焜後亦襲封，諡曰恭懿。見《明史·諸王世表》。〔註31〕

由提要可知，寧藩刻書見諸該府書目者多達 137 種，且所刻之書以詞曲、院本及道書爲主，與寧藩的學術傾向基本一致。

　　藩府自編的校刻目錄雖俱亡佚，然其校刻之書乃於問世後即流通於世，且多爲明代諸家藏書目載錄，可作爲考見明代藩府刻書、著述盛況的重要參考資料。明代諸家書目對藩本書籍的歸置情況不一，有新創一類目將藩本書單獨歸類如《萬卷堂書目》者，亦有不做任何標識、將藩本與凡本等同對待者，不一而足。明代書目中的藩本歸置當爲明代目錄學中值得注意的現象之一。

　　明代諸家書目中，除《萬卷堂書目》將藩本單獨設類並冠以「宗室」之名外，周弘祖《古今書刻》亦於各省刊書之中分別爲藩本單獨設類。筆者據葉德輝觀古堂刻本統計，該目著錄有藩府刻書 17 家 170 種：南直隸有寧國府（14 種）；江西有弋陽王府（57 種），淮府（2 種），廣府（13 種），益府（1種）；湖廣有楚府（12 種），吉府（1 種），遼府（11 種）；河南有汝府（1 種），趙府（3 種）；山東有德府（6 種），魯府（4 種）；山西有代府（2 種）；陝西有秦府（1 種），韓府（1 種），慶府（13 種）；四川有蜀府（28 種）。另，陳清慧《明代藩府刻書研究》稱葉本爲「17 家 141 種」，黃嘉善校刻本爲「19

〔註31〕　（清）永瑢：《四庫全書總目》卷八十七《史部四十三》，北京：中華書局，1965 年。

家 172 種」〔註 32〕；張秀民《中國印刷史》稱葉本爲 15 家 142 種，黃本「又有周、崇、衡、山陰王府等共十九府，一七一種」〔註 33〕。各家統錄略有參差，或因版本傳印略有異同，僅供讀者參考。

此外，亦有未將藩本單獨設類但將其置於卷首者，如呂天成《曲品》「不作傳奇而作散曲者」下首列「周憲王（有徵，字誠齋）」；祁彪佳《遠山堂劇品》第一「妙品」首列周藩誠齋所著雜劇 8 種；《遠山堂曲品》體例當同《劇品》，故亦當首置藩本，惜存本有缺，不可考辨；朱權《太和正音譜‧群英所編雜劇》「國朝」類首列之「丹丘先生」即爲朱權本人，收錄其雜劇著作 12 種，今存《獨步大羅天》、《私奔相如》2 種。

以上書目的做法與綜合性書目中將御製書單獨歸類的體例一致，皆爲致敬皇族之意，而其書目的學術嚴謹性則有所折損。與此之外，明代各家書目更多是將藩府撰著、校刻之書與別家書籍並行，依其性質劃分部類，則於書目編著體例的學術規範性方面又進一步。

此類書目中，有於各部書籍之下標注藩府身份者，如晁瑮《寶文堂書目》著錄有「《十八史略》（宣府刻）」、「《文選》（唐府刻善注，二十本）」、「《續文章正宗》（晉府刻）」、「《唐詩紀事》（晉府刻）」、「《李詩類編》（寧府刻）」等 12 府刻書 30 種；祁彪佳《遠山堂劇品》「雅品」中有標爲「周藩誠齋」所著之雜劇 16 種；殷仲春《醫藏書目》「旁通函目」下有「《袖珍方》（四卷。滇陽王府集）」等。有未標注藩府身份、僅作著錄者，如《經序錄》著錄朱睦㮮刊本李鼎祚《周易集解序》；《授經圖義例》卷一二著錄有朱謀㙔《詩故訓》十卷；焦竑《國史經籍志》亦不做標識；《澹生堂藏書目》著錄大量藩府著作，未單獨設類，而是直接載錄作者姓名。如：

卷一‧經部三‧詩類‧傳解

《朱氏詩故》二冊。十卷。朱謀㙔。《天寶藏書》本。

卷二‧續收‧經總解

《五經稽疑》六冊。十卷。睦㮮。

《經序錄》五冊。五卷。《授經圖考》五冊。十五卷。朱睦㮮。

〔註 32〕 陳清慧：《明代藩府刻書研究》，第 57 頁，北京：北京圖書館出版社，2013年。

〔註 33〕 張秀民：《中國印刷史》上《插圖珍藏增訂版》，第 291 頁，上海：上海人民出版社，1989 年。

明代藩府子弟多有精於學問者,如朱睦㮮之於易學、目錄,朱謀瑋之於經史、小學,朱權之道學、音律、詩文、醫學等,皆自成一派而爲明代學術之大家,著述有物,足資觀鑒。藩府藏書多精善之本,刻書亦多取善本精校,紙質上乘,字跡清晰,摹印精良。藩府的著述及刻書成果是明代分封的產物,具有特殊的時代意義,也是中國古代學術史的重要組成部分。明代書目對藩府內容的著錄是重要的史實資料,是研究明代藩府及明代目錄學思想的必要憑證,具有無可替代的學術價值。

(二)舉業類的設立

隨著科舉考試的盛行,作爲應試參考資料的舉業書這種具有特殊功用的書籍類型開始問世。隨著市場需求的增加以及書肆行業的發展,舉業類書籍至北宋末年已出現雕版印刷的批量化生產,其中以場試高中者之答卷最爲暢銷。宋明歷代多有針對舉業書的禁令,「將違禁雕賣策試文字,日下盡行毀板」〔註34〕,然屢禁不止。舉業書的風行至明代嘉隆、萬曆時期而至於極盛,出現了「書坊非舉業不刊,市肆非舉業不售,士子非舉業不覽」〔註35〕的情況。

舉業書的大肆刊行在明代私家書目的類例設置與著錄之中皆有反映。成書於正統間的《籙竹堂書目》眞本雖已亡佚,然《四庫全書總目》稱其「敘列體例,大率本之馬端臨《經籍考》。然如集部別出舉業類,而無詩集類,亦略有所增損矣」〔註36〕,而《千頃堂書目》制舉類亦轉錄《菉竹堂書目》所載明初場屋試士之文八種,則《籙竹堂書目》當爲私家書目中設立舉業類之先河者。正德間晁瑮所編《寶文堂書目》亦於中卷分類書目中設「舉業」類,著錄《賢良進卷》、《唐宋名賢策論文粹》等舉業書籍三十八種,其中《策學衍義》乃爲南監本。此外,陳第《世善堂藏書目錄》卷上禮記類著錄有「《禮記講義》八卷」,下有「以下舉業」四字,所指之書爲「《禮記講義》八卷,《禮記要旨》十卷,《禮記眞達》,《禮記提綱》二卷」四種;四書類・四書總編下亦稱「可舉業用」,包括《四書通旨》、《四書指要》、《四書經要》、《四書大全》等十四種書籍。

清初黃虞稷《千頃堂書目》設制舉類,著錄八股舉業之文三十餘種。其

〔註34〕 (日)井上進著,李俄憲譯:《中國出版文化史》,第90頁,武漢:華中師範大學出版社,2015年。

〔註35〕 張秀民:《中國印刷史》,第471頁,上海:上海人民出版社,1989年。

〔註36〕 (清)永瑢:《四庫全書總目》,第2257頁,北京:中華書局,1965年。

小序稱：

> 自宋熙寧用荊舒之制，以經義試士，其後或用或否，惟明遵行
> 不廢，遂爲一代之制。三百年來，程士之文與士之自課者，龐雜不
> 勝錄也。然而典制之所在，未可廢也。緣《通考》錄《擢犀》、《擢
> 象》之類，載程士之文二三種，以見一代之制，而二三場之著者亦
> 附見焉。〔註37〕

則黃氏乃是從忠實紀錄文獻的角度出發著錄舉業之書，其首列《籔竹堂書目》
所載之八種應試文作爲考證《籔竹堂書目》存佚眞僞的重要參考資料，則直
接證明了書目保存文獻原始面貌的功用。

　　王國強於《明代目錄學研究》一書對明代書目中著錄舉業書的情況亦有
討論，稱「《博雅堂藏書目錄》把『試錄、墨卷』列於書目之末，而《賴古堂
書目》集部第十四號，則皆鄉會試錄也。終於崇禎壬午科，《（康熙）秀水縣
志‧儒林傳》稱姚瀚『尤務廣搜制藝，自洪永以至啓禎，手訂先正二百名家』
〔註38〕，認爲八股文雖廣遭駁斥，然仍具有自身的文學價值與文獻價值，而
於書目中如實記載舉業書的情況亦是文獻家與目錄學家的責任，其觀點與黃
氏不謀而合，正爲目錄學家應持之論。

（三）四書、性理類的設立與理學書籍的歸置

　　宋元之後，《四書》成爲開科取士的必備讀物，學術地位上升至與《五經》
並肩。永樂十三年（1415）胡廣等奉敕纂修《五經大全》、《四書大全》、《性
理大全》，成祖作序並頒行天下：

> ……思帝王之治，一本於道。所謂道者，人倫日用之理，初非
> 有待於外也。厥初聖人未生，道在天地；聖人既生，道在聖人；聖
> 人已往，道在六經。六經者，聖人爲治之跡也。……乃命儒臣編修
> 《五經》、《四書》集諸家傳注而爲《大全》，凡有發明經義者取之，
> 悖於經旨者去之。又輯先儒成書及其論議、格言、輔翼《五經》、《四
> 書》有裨於斯道者，類編爲帙，名曰《性理大全》。書編成來進，……
> 遂命工鋟梓頒佈天下，使天下之人獲睹經書之全、探見聖賢之蘊，

〔註37〕　（清）黃虞稷撰，瞿鳳起、潘景鄭整理：《千頃堂書目》，第 784 頁，清文淵
　　　　　閣《四庫全書》本。
〔註38〕　王國強：《明代目錄學研究》，第 253、254 頁，鄭州：中州古籍出版社，2000
　　　　　年。

由是窮理以明道，立誠以達本，修之於身，行之於家，用之於國而
達之天下，使家不異政，國不殊俗，大回淳古之風，以紹先王之統，
以成熙皞之治，將必有賴於斯焉。遂書以爲序。〔註39〕

成祖之意，乃是將三《大全》作爲聖人修身載道、經世致用之書，且將其頒
行天下，作爲科舉考試的必備讀物，極盡推崇之勢。《太宗實錄》記有永樂十
五年（1417）頒賜三《大全書》於六部並兩京國子監及天下郡縣學、并敦促
士人勉力研修事：

上謂禮部臣曰：此書學者之根本而聖賢精義悉具矣。自書成，
朕旦夕宮中披閱不倦，所益多矣。古人有志於學者苦難得書籍，如
今之學者得此書而不勉力，是自棄也。爾禮部其以朕意曉諭天下學
者，令盡心講明，毋徒視爲具文也。〔註40〕

又記有永樂二十年（1422）交阯、宣化、太原、鎮蠻、奉化、清化、新安等
府及所隸州縣學師生「貢方物詣闕，謝賜五經、四書、性理《大全》、《爲善
陰隲書》」事，「皇太子令禮部賜賚之」〔註41〕。

三《大全》之中，《四書》爲朱熹所倡，《性理》所輯乃「先儒成書及其
論議、格言、輔翼《五經》、《四書》，有裨於斯道者」，即理學家探討天道、
性理之論著。《四書》、《性理》與《五經》並行，乃是理學在明代思想領域地
位上升的直接證據，而《四書》作爲理學之理論基礎，乃有超越《五經》之
勢。《四庫全書總目》評價稱：

（《四書大全》）初與《五經大全》並頒，然當時程序以《四書》
義爲重，故《五經》率皆庋閣，所研究者惟《四書》，所辨訂者亦惟
《四書》。後來《四書》講章浩如煙海，皆是編爲之濫觴。蓋由漢至
宋之經術，於是始盡變矣。特錄存之，以著有明一代士大夫學問根
柢具在於斯，亦足以資考鏡焉。〔註42〕

明代《五經》地位的下降，理學地位的上升，於明代目錄學中有兩種直觀的
表現：其一爲理學書籍的類目設置與排位，其二爲理學書籍的著錄數量。

爲理學書籍單獨設類著錄的做法當爲《文淵閣書目》之首創而爲其後諸

〔註39〕（明）《太宗實錄・永樂十三年》。
〔註40〕（明）《太宗實錄・永樂十五年》。
〔註41〕（明）《太宗實錄・永樂二十年》。
〔註42〕（清）永瑢：《四庫全書總目》卷三十六，北京：中華書局，1965年。

家書目所沿用者。《文淵閣書目》將五經分別設類、將四書並歸四書類、將理學家著作歸入性理類而與五經並行，其後又有附，著錄理學家實錄、年譜、事紀、言行等。藏書目中四書、性理二類自此乃立，後多經演變合分，至《明史・藝文志》設四書類於經部與五經並行、而其例亦爲《四庫全書總目》沿用後，四書類與五經之分離遂成目錄學之定制。

《明志》之前的明代諸家書目爲四書及理學類書籍所設之類目名稱多樣，《秘閣書目》沿用《文淵閣書目》舊例，《晁氏寶文堂書目》亦稱四書、性理而無附，《世善堂藏書目錄》分設四書部及輔道諸儒書，《續文獻通考・經籍考》稱儒家，《百川書志》稱道學，《內閣書目》、《虞山書院志・書籍志》稱理學部，《澹生堂藏書目》稱理學類，《趙定宇書目》稱理樂書等，名目雖各有自，而其著錄內容皆爲四書及理學家著作。

在四書及理學著作的類目歸置上，明代諸家書目亦做法不一。其中，《趙定宇書目》及《虞山書院志・書籍志》皆將四書與理學家著作合併著錄，分別稱理樂書類（48 種）與理學部（54 種），且與四部並置。《百川書志》則將二者合爲道學類（41 種）而置於經部，與五經並置。這種歸類方法的確可以凸顯理學之地位，然其將經、著合二爲一的做法則甚爲粗陋，不足爲後世參考。

明代大多書目乃將四書類著作與理學類著作分別設類，逐步區分了二者性質。其中《文淵閣書目》於五經之後分別設立四書部、性理部、附，總著錄 490種。錢溥《秘閣書目》沿用《文淵閣書目》之例，著錄 208 種。此二目雖將四書類著作與理學類著述分置，然卻將二者並置於經書之末、史書之前，乃是將性理之學與五經等同看待之意，是統治者的理學政策於目錄學中的反應。公藏書目的這種做法亦爲正德時期的《晁氏寶文堂書目》採用，著錄理學書籍 156種。萬曆時的《澹生堂藏書目》於單設之論語、孟子二類之外又設理學一類，分性理、詮集、遺書、語錄、論著、圖說 6 小類著錄宋明理學著作 213 種，三類皆置於經部。與祁氏同時的官修目錄《內閣藏書目》則將四書散置於經部與五經並肩，又設理學部與經史子集等部並行，著錄理學家著作 128 種，在兼顧官方意願、推崇理學的同時將經書與著述做了區分對待。

此外，陳第所撰之《世善堂藏書目錄》將四書單設一部，著錄 52 種，與經部並行；又於子部之下設輔道諸儒書一類，著錄理學家著作 31 種。王圻《續文獻通考・經籍考》於五經之後將四書合爲一類著錄，置於經總解之前；又將理學著作載於儒家類。趙琦美《脈望館藏書目》於經部設大學（9 種）、中

庸（4種）、論語（6種）、孟子（5種）、四書（6種）類與五經並行；理學家著作亦置於子部儒家類之內。（嘉靖）《浙江通志・藝文志》將四書於經部單設一類，著錄75種；於子部設儒家類著錄理學著作。

　　以上幾種皆將四書置於經部，或單獨設類、或與五經並錄，其意相差無幾，俱爲凸顯四書之地位；而其皆將理學著述歸於子部的做法，乃是認識到了經書與著述的屬性區分。此外，《脈望館藏書目》與《（嘉靖）浙江通志・藝文志》將理學著作置於儒家類之中，將理學家與經學家相提並論，體現了理學地位的提升。這種將理學著述歸於儒家類的做法亦爲《明志》、《總目》等後世書目所認可並沿用。

　　單獨設類歸置之餘，理學家的著述亦大量散見於明代的書院藏書目及專科書目之中。這些書目或因所載之書總數較少、或因著錄內容各有偏重等故，皆未依四部之例進行部類設置，甚至未設類例，但其中亦有理學著作見存。如周弘祖《古今書刻》者，上編依地域歸類，各地皆對理學著作多有收錄，如南直隸・太平府有《近思錄》，揚州府有《上蔡語錄》、《甘泉全集》、《陽明文錄》、《象山語錄》；浙江・杭州府有《程氏遺書》、《伊洛淵源》、《近思錄》，寧波府有《明王學類編》等；其下編則於福建・書坊類下專設理學類，著錄《性理大全》、《性理萃言》等理學著作13種，此爲周弘祖理學意識強化的體現。又如梅鷟《南雍志・經籍考》之雜書類、李夢陽《白鹿洞書院新志・書籍志》之子部、周偉《白鹿洞書院志・藏書目錄》之子集部、鄭廷鵠《白鹿洞志・卷十六・類分書目》之子部及《續增書目》、李應升《白鹿書院志・藏書》、聶良杞《百泉書院志・書籍》、岳和聲《共學書院志・典籍》、《濮陽蒲汀李先生家藏書目》、《（景泰）建陽縣志續集・典籍》、《（嘉靖）建陽縣志・圖書》、朱睦㮮《授經圖義例》、《經序錄》等，皆著錄有相當數量比重的理學家作品，而明代理學的發展情勢大致可見。

　　明代目錄學家思想較爲活躍，書目的部類設置不泥守成規，很大程度上取決於其家藏書籍的數量及藏書性質的偏重。明代諸多私家書目中不但著錄大量理學書籍、更爲其單獨設類歸置的做法，基本可以反映出理學在明代的重要地位及其蓬勃發展的事實。理學家著作自與四書並置而至脫離四書歸入子部、最終併入儒家類的變化，體現出明代目錄學家學術嚴謹性的增強。四書的類目歸屬自明初與五經脫離後屢遭變動，然其最終於經部自成一類的體例爲後世書目所沿用，則明清以降四書與五經並行的事實便有了肉眼可觀的

直接證據。四書類的創立及沿用不但是明代目錄學的一大成就，亦是中國古代目錄學乃至經學史的重要里程碑。

（四）御製類書籍的歸置

　　書目中首列御製類書籍的做法當始自宋代王應麟所編之《玉海》。該書的藝文志部分基本按經、史、子、集四部排列，而設聖文四類（按：御製論、御製記、御製論迷、御書）於前。入明之後，這種體例多爲目錄學家所延用，祁承㸁稱「王伯厚以聖文冠經籍，陸文裕仿之，而焦氏亦首列制書」〔註43〕者，所指即爲此事。胡應麟亦認可這種設類方式，稱讚陸深《江東藏書目》說：「以經史子集爲次，而特尊本朝聖製，分門另敘，亦似合宜。」〔註44〕

　　焦竑《國史經籍志》設制書類爲卷一，與四部並行，下分御製、中宮御製、敕修、紀注時政四小類；陸深《江東藏書目》分十四類，亦以制書類冠首。陸、焦二氏書目之外，明代其他書目亦多有此例。其中，有將御製書置於目首而未單獨設類者，如《文淵閣書目》首創之國朝類列御製書；晁瑮《寶文堂書目》諸經總錄類前列御製書二十一種；嘉靖間鄭廷鵠所編《白鹿洞志·白鹿書院類分書目》經部中先列聖製，著錄十七種，一百七十八本。

　　又有將御製書置於目首且單設類目者，所設之類名目不一：有稱聖製、制、制書者，如張萱等人所編《內閣藏書目錄》首列聖製部收錄御撰及敕撰九十九種，又設典制部收錄明代典籍九十五種；萬曆間周偉所編《白鹿洞書院志·書籍總目》首爲聖製部，著錄七種九十九本；孫慎行、張鼐所編《虞山書院志·書籍志》首設聖製類，與典故、經部、子部、史部、理學部、文部、詩部、經濟部、雜部、類書部並行，著錄書籍十一種；沈節甫《玩易樓書目》設制、謨二類爲十二類之首；（景泰）《建陽縣志續集·典籍》首設制書類，著錄明代太祖、太宗、仁孝皇后、宣宗、憲宗五類二十五種；（嘉靖）《建陽縣志·圖書》首列頒降書、制書等。有稱官書者，如梅鷟《南雍志·經籍考》之天順年間官書，首列《大誥》、《大明律》、《爲善陰騭》、《孝順事實》等御撰、御頒書。該目梓刻本末第一類亦爲制書類，著錄御製、御頒書板十九種。有稱內府者，如王圻《續文獻通考·經籍考》在《文獻通考·經

〔註43〕　（明）祁承㸁：《澹生堂藏書訓略》，《經籍會通（外四種）》，第83頁，北京：北京燕山出版社，1999年。

〔註44〕　（明）胡應麟：《經籍會通》，《經籍會通（外四種）》，第24頁，北京：北京燕山出版社，1999年。

籍考》的類目基礎上增加了內府書一類，分宋、遼、金、元、皇明五部分，
著錄宋理宗淳祐十一年（1251）六月至明萬曆二十四年（1596）十一月共十
八朝三百四十六年間內府編刊、收輯書籍的情況；周弘祖《古今書刻》上編
第一類爲內府，著錄《皇明祖訓》、《爲善陰騭》、《御製文集》等八十三種。

　　嘉、隆之後的一些私家書目中，或仍有遵循舊例將御製書單設的做法，
然其位次有所排列，不再置於四部之前，而是依書目性質歸於四部之內、冠
諸各小類之首或否。這種變化是明代後期目錄學家學術意識增強的重要體
現，也是明代書目編纂於後期趨於成熟的表現之一。

　　其中，高儒《百川書志・總目》集志下有聖朝御製文、睿制文、名臣文
三類目，於正文中被國朝類替換；又有聖朝御製詩集、睿製詩集、名臣詩集
三類目，於正文中亦合爲國朝一類，可見其對御製詩文的敬視程度較之前代
確有所下降。《世善堂藏書目》將帝王文集歸於卷下集類之中，著錄八種。《澹
生堂藏書目》卷三國朝史類首設御製著錄二十三種、敕纂著錄三十六種；卷
十三別集類首設帝王集著錄明以前各朝（按：主要是魏晉時期）帝王文集，
次依朝代分錄漢魏六朝、唐、宋、元、明各朝詩文集，其中的明代部分首列
國朝御製集，著錄御製詩文及閣臣唱和之作六種。《脈望館藏書目》亦將聖製
類置於史部且非首列，著錄五種。

　　此外，朱睦㮮《授經圖義例》雖著錄有御製之書，然未單獨設類，亦未
首列，而是分散著錄各章之中，如將唐玄宗《刊定〈禮記・月令〉》一卷置於
卷二十與其他書籍並存之例。這種做法較之將歷代御製諸書單獨設類、甚至
冠諸於首的做法則又更爲合理。

　　總而言之，歷代御製書籍的內容並非脫離經、史、子、集之外的學術存
在，將其單置於四部之外的做法雖然體現出目錄學家對皇權的敬畏，然而卻
大大削弱了書目的學術價值，當爲書目的時代特徵之一，不足爲後世所取。
明代目錄學家亦逐步認識到將御製書單設的局限所在，並於書目的編纂實踐
中逐步將其淘汰，書目的編纂體例亦日趨規整，這一變化爲明代目錄學自身
的一大進步。

（五）個人著述的歸置

　　魏晉時曹植所編之自撰目錄或爲個人著述目錄最早見載於史料者。《晉
書・曹志傳》稱：

　　　　（武帝）嘗閱《六代論》，問志（按：曹植之子，爲國子博士）

曰：「是卿先王所作邪？」志對曰：「先王有手所作目錄，請歸尋按。」
還奏樂：「按錄無此。」帝曰：「誰作？」志曰：「以臣所聞，是臣族
父同所作。以先王文高名著，欲令書傳於後，是以假託。」帝曰：「古
來亦多有是。」顧謂公卿曰：「父子證明，足以爲審。自今以後，可
無復疑。」〔註45〕

曹志所稱「手所作目錄」即爲曹植所編之自撰目錄，該目應爲詳錄篇名者，
故而可爲志所考對。曹魏之後，歷代皆有著述目錄問世，如《三國志》裴松
之注所引之《嵇康集目錄》、鄭樵所撰之《夾漈書目》、《圖書志》等。明代亦
有私人著述目錄如朱謀瑋《天寶藏書目》、楊愼《升菴著述目》者。

　　朱謀瑋「自負考文之學」，著書「百有六種」〔註46〕，編著述總目，稱《天
寶藏書目》。又自選著述若干種，刻爲《天寶藏書》〔註47〕。清人周亮工將《朱
郁儀先生天寶藏書目錄》與《楊升庵先生著書目》合編，稱《合刻楊朱兩先
生著述目錄》，亦稱《楊升庵朱郁儀兩先生著述目錄》〔註48〕。其中，《朱郁
儀先生天寶藏書目錄》著錄朱謀瑋著作 106 種，《楊升庵先生著書目》收錄楊
愼著作 256 種。

　　《增訂四庫簡明目錄標注》著錄舊抄本《傳是樓書目》四卷，「附《楊升庵
著書目》一卷、《天寶藏書目錄》一卷」〔註49〕。臺灣傅斯年圖書館藏清烏絲欄
抄本《傳是樓書目》，前有汪琬序，後有康熙四十四年（1705）徐釚序。該目之
後即附錄有周亮工整理編訂的《楊升庵先生著書目》、《朱郁儀先生天寶藏書目》
以及陸夢龍所撰《朱郁儀先生傳》三種。該本或即邵氏所稱舊抄本。

　　《楊升庵著書目》爲楊愼的個人著作目錄。楊愼學識稱雄當時，「明世記
誦之博，著作之富，推愼爲第一」〔註50〕，然以大禮議事爲世宗所惡，「每問

〔註45〕　來新夏：《目錄學讀本》，第 290 頁，上海：上海交通大學出版社，2014 年。
〔註46〕　（明）陸夢龍：《朱郁儀先生傳》，《周亮工全集》18《詩文補編等》，第 176
　　　　　頁，南京：鳳凰出版社，2008 年。
〔註47〕　按：筆者對《天寶藏書》作有考證，詳見前文《澹生堂藏書目》部分。
〔註48〕　按：參見朱天曙編校整理：《周亮工全集》18《詩文補編等》。《合刻》內又有
　　　　　周亮工序焦竑《楊升庵先生著書目序》、陸夢龍《朱郁儀先生傳》，南京：鳳
　　　　　凰出版社，2008 年。
〔註49〕　（清）邵懿辰撰，（清）邵章續錄：《增訂四庫簡明目錄標注》，第 356 頁，上
　　　　　海：上海古籍出版社，1959 年。
〔註50〕　（清）張廷玉：《明史》卷一百九十二《楊愼傳》，《明史》，第 5083 頁，北京：
　　　　　中華書局，1974 年。

慎作何狀。閣臣以老病對，乃稍解」〔註51〕，以至半生流離，惟著書抒懷。據簡紹芳《升菴先生年譜》稱，楊慎著作多達四百餘種：

> 至其平生著述，四百餘種，散逸頗多，學者恨未能睹其全。茲聊記其知名之目於簡末，俟有所考云。〔註52〕

《年譜》所記之目今已佚，著錄數量未知。另有王世貞《續藏書·楊慎傳》末所附之細目一則，著錄一百一十七種，不復簡《譜》所稱四百餘種之舊貌。此後又有焦竑、周亮工、何宇度、李調元分別編次之多種版本，而所錄書目互有參差。

　　《千頃堂書目》著錄有《楊升菴著述目錄》一卷，然未詳載其數。在其之前的《趙定宇書目》中設有「楊升菴書集目錄」類，著錄楊慎著作四十三種；《脈望館藏書目》史部荒字號下設有「升菴」一類，著錄六十一種。此二種保存了楊慎著作在當時的流傳情況，可與以上各目對校參考，是研究楊慎生平撰述的重要參考資料。

　　明代之前見載於書目的個人著述目錄尚有《漢書·藝文志》所載班固自定之「賦」目，然該目為分別記載之體，如「陸賈賦三篇」一類有「臣說賦九篇，臣賦十八篇」之例，來新夏《目錄學讀本》稱班固「賦」目「有個人著述集目錄的意味」〔註53〕。

　　在明代的書目中，《趙定宇書目》將「楊升菴書集目錄」與經、史、子、集、禮樂、志書等並為一級類目。這種設類方法為書目編纂史上的創舉，乃是個人著述目錄在目錄學中的地位巔峰。嘉靖中茅坤所治之《白華樓書目》後為其孫元儀改編為《九學十部目》，其九學者為經、史、文、說、小學、兵、類、數、外九部，又加世學而為十部。世學一類，當為載錄者茅氏家學著述而與經史子集並立為一級類目者，則與《趙定宇書目》相類。用賢子琦美編定《脈望館藏書目》時，則將升菴一類置於五級類目之第四級，與聖製、六部及詞類集（按：內有戲曲、雜劇等）並行於史部，之下則排錄升菴撰述六十一種，則其類目歸置較之前代或有進步，然難稱規範。個人著述目錄亦為目錄之一種，則於史部之下設目錄類加以著錄為宜。焦竑編纂的《國史經籍志》於史部「簿錄」類下設「文章目」一類，著錄歷代及個人著述目錄 7 種。

〔註51〕（清）張廷玉：《明史》卷一百九十二《楊慎傳》，《明史》，第 5083 頁，北京：中華書局，1974 年。

〔註52〕王國強：《明代目錄學研究》，第 149 頁，鄭州：中州古籍出版社，2000 年。

〔註53〕來新夏：《目錄學讀本》，第 290 頁，上海：上海交通大學出版社，2014 年。

《國史經籍志》的這種歸類方式可稱妥當。

（六）類書的歸置

　　由於類書自身編纂體例的特殊性，歷代諸家對其在目錄學中的歸屬問題向來各執一辭，至今尙無定論。洪業於《中國類書目錄初稿》中對宋之前的歷代書目中類書的位置變化做了大概的介紹，稱：「荀勖之《中經新簿》以《皇覽》自爲一門，與史記、舊事、雜事並隸丙部。則其初不但無類書之稱，且並不屬子部書也。南北朝時，《華林遍略》、《修文殿御覽》之流踵武繼作，蔚爲大觀；梁齊書目區分何部，今無可考，唯《隋書・經籍志》中，《皇覽》、《御覽》、《類苑》、《書苑》之屬，已聯翩入子部雜家矣。《舊唐志》析而出之，使隸類事，仍居子部；《新唐志》又廣類事爲類書，蓋類書之目，起於是耳。顧自雜家而類事而類書，增益疏合之間，頗有可注意者。」〔註 54〕則魏晉時如《皇覽》者，多爲事類之書，故置史部之下。其後類書數量增多、體例趨於多樣化，則《隋志》將其歸入子部雜家類，《舊唐志》置於子部類事，《新唐志》復廣類事爲類書，而類書之名乃定。胡道靜認爲《舊唐志》之淵源或爲《古今書錄》，故而類書入子部的做法或亦自《古今書錄》始。

　　南宋鄭樵《通志》將圖籍分十二部，類書爲其一，張滌華贊曰：「鄭樵《通志校讎略》，部署群類，區爲十二類，而類書居其一；變而得宜，於例最善，而後人牽於四部，卒不行用，則泥古之過也。」〔註 55〕端平中，樵之族孫寅編《鄭氏書目》，據其家藏情況設爲七類，類書亦爲其一，姚名達贊其爲「目光如炬」〔註 56〕者。

　　唐宋以降，類書編纂趨於式微。金元兩朝類書不多，且大都亡佚。入明之後，隨著雕版印刷技術的普及應用，科舉所需之應制時文開始爲書賈編成類書而大量雕印，則類書編纂之風氣又復爲勃發。明代類書編纂的成就很大，官方所編之綜合性大類書《永樂大典》，卷帙浩繁，山包海量，涵蓋面極廣，所收錄者除經史外，又有大量的農業、工業、醫學、科技、文學、藝術等方面的著作，在保存、整理書籍方面卓有功績。民間類書亦層出不窮，俞安期的《唐類涵》、唐順之的《荊川稗編》、徐元太的《喻林》、馮琦的《經濟類編》、

〔註 54〕 洪業：《館藏類書目錄序》，《洪業論學集》，第 134 頁，北京：中華書局，2005年。
〔註 55〕 張滌華：《類書流別》，第 2 頁，北京：商務印書館，1985 年。
〔註 56〕 姚名達：《中國目錄學史》，第 85 頁，上海：上海古籍出版社，2002 年。

陳耀文的《天中記》、彭大翼的《山堂肆考》、王圻的《三才圖會》以及章潢的《圖書編》等皆爲其中之佼佼者，皆編排有序，取捨得當，具有很高的學術價值。考《四庫全書總目》及《存目》中收錄的各代類書總 282 種，編製於明代者多達 139 種，幾乎等於《四庫》所收隋、唐、宋、元、清各代類書之總數，明代類書編纂之盛況由此可見一斑。

明代學者對類書的目錄學歸屬問題亦意見不一，陸深稱「山包海匯，各適厥用，然妍媸錯焉，類書之謂也，故錄類書第八」〔註57〕，乃於《江東藏書目》中將類書單設一類，並經史子集等爲十四部。胡應麟嘗於《經籍會通》中提及陸氏將類書另錄之舉，稱與其《二酉山房書目》做法相同，故《二酉山房書目》或亦爲將類書附於四部之外者。然胡氏又稱「類書有數種，如《初學》、《藝文》，兼載詩詞，則近於集；《御覽》、《元龜》，事實咸備，則鄰於史；《通典》、《通志》，聲韻、禮儀之屬，又一二間涉於經；專以屬之子部，恐亦未安。余欲別錄二藏及贋古書及類書爲一部，附四大部之末，尚俟博雅者商焉」〔註58〕，則其《二酉山房書目》之類書或非單置、而是與佛老二家及贋古書混錄爲一類者，與《江東藏書目》又不盡相似。且胡氏「類書有數種」之意，則是已經認識到了類書自身內部屬性的多樣化，只是未做深層追究。又有如林世勤者，認爲類書之屬橫跨四部，其注《駢語雕龍》時有「經部類書」、「史部類書」、「子部類書」、「集部類書」的說法，乃是將類書做了內部分割，分別歸類。林氏的做法爲章學誠所承繼，然後世對這種做法爭議較大，其根本原因仍在於類書自身屬性複雜，難作歸屬。

就明代而言，目錄學家在對類書進行類例歸置的時候，亦持有幾種不同意見。其中有承鄭樵之意，將類書單設一類而與經、史、子、集各部並行者。陸、胡二家外，又有《文淵閣書目》、《秘閣書目》、《寶文堂書目》、《趙定宇書目》、《南雍志·經籍考》等。《續文獻通考·經籍考》類書類收錄 110 種，其中有明一代所纂者即有 63 種之多，設「皇明類書」類單獨歸置。又有《玩易樓書目》設 12 部、《虞山書院志·書籍志》設 11 部者，皆將類書列爲一部。

有於四部之內設立類書部者。《世善堂書目》於史部設類編（兼入人文事物）一類，著錄 43 種，內有類書若干。《內閣藏書目錄》於總集部下設類書

〔註57〕 （明）陸深：《江東藏書目序》，《經籍會通（外四種）》，第 24 頁，北京：北京燕山出版社，1999 年。

〔註58〕 （明）胡應麟：《少室山房筆叢》卷二十九《九流敘論下》，上海：上海書店出版社，2009 年。

部，著錄類書 30 種，較之文淵閣時期減少 230 多種。朱睦㮮《萬卷堂書目》卷四實爲集部，亦於其下設類書類，與別集、總集、楚辭等並行，著錄 35 種。更多的是承隋唐舊例，將類書置於子部。如《國史經籍志》子部有類家類，著錄 13 類 142 種；《百川書志》子部有類書類，著錄 21 種；《徐氏家藏書目》子部有匯書類，著錄 52 種；《澹生堂藏書目》子部設類家類，分會輯、纂略、叢筆三小類著錄類書 1124 種；《脈望館藏書目》宿字號爲類書類，著錄 51 種，列字號亦有類書類，著錄 27 種，皆屬子部；焦竑《國史經籍志》子類有類家類，著錄 13 類 142 種；（嘉靖）《浙江通志・藝文志》子類下有類書類，分唐、宋 2 朝，著錄 24 種。以上各書雖將類書置於子部，但並未依舊制置於雜家類，而是爲類書單獨設類歸置。原因正如焦竑所言，「雜家出自一人，類書兼總諸籍」〔註59〕，故而不可混置。此外，《江陰李氏得月樓書目》雖未設部類，但大體是依經史子集四部次序著錄書籍的。該目所載之《白氏六帖事類》、《古今類事》、《儒函數類》等類書，實際上置於子部。

又有按林世勤之意將類書區分性質散入各部者。如周弘祖《古今書刻》依據地區著錄，「南直隸・常州府」內有《太平廣記》，「南直隸・蘇州府」內有《藝文類聚》，「福建・書坊・雜書」類有《初學記》、《事林廣記》、《文林廣記》等；《笠澤堂書目》子部雜家類內有《藝文類聚》、《太平御覽》、《冊府元龜》、《玉海》、《北堂書抄》等大型類書以及叢書、書畫、硯譜等藝術類書籍總 126 種；（嘉靖）《建陽縣志・圖書》於諸集類中著錄《事文類聚》、《事林廣記》、《初學記》等，於雜書類中著錄《居家必用》；馮復京《六家詩名物疏引用書目》中，將《冊府元龜》、《太平御覽》、《文苑英華》、《百川學海》等眾多的類書歸入總集類；袁銛《（景泰）建陽縣志續集・典籍》雜書類著錄《事林廣記》；李夢陽《白鹿洞書院新志・書籍志》、鄭廷鵠《白鹿洞志・類分書目》將《玉海》置於集部、周偉《白鹿洞書院志・藏書目錄》置於子集部、李應升《白鹿書院志・藏書》不作分類，亦著錄該書；《濮陽蒲汀李先生家藏書目》亦不作分類，著錄有《錦繡萬花谷》、《冊府元龜》、《太平廣記》、《玉海》、《北堂書抄》等。

通過對明代諸家書目載錄類書的情況進行分析，我們可以考見其時類書編纂之盛況和書籍刊刻流傳之大概，掌握明代目錄學家的類書歸類思想，爲當代目錄學的深化研究提供更爲豐富的資料。

〔註59〕　（明）焦竑：《國史經籍志》卷四下，北京：中華書局，1985 年。

（七）叢書的歸置

我國古代的叢書之名最早出現於唐代。陸龜蒙將自己的詩文筆記等著作合爲一輯，冠以《笠澤叢書》之名，並解釋「叢書」之名爲「叢脞之書也。……歌詩頌賦銘記傳序，往往雜發，不類不次，混而載之，得成爲叢書」〔註60〕。這種雜合某個人不同文體著作而成的「叢書」雖與後世「叢書」的體例不同，但其影響或一直延續至清。張之洞《書目答問》於經史子集四部之外另設叢書部，下設子目有二：一爲「古今人著述合刻叢書目」，一爲「國朝自著叢書目」。前者收錄有《漢魏叢書》、《津逮秘書》等，爲眞正意義上的叢書書目；後者則收錄了《亭林遺書》、《西河合集》等個人著述集，這一做法可能是受到《笠澤叢書》的影響。一般看來，於佛藏之外，我國古代眞正意義上的叢書編纂當自南宋俞鼎孫、俞經所輯之《儒學警悟》始，其後逐步發展，於明清而至繁盛。

黃永年認爲，叢書的問世乃是類書編纂衰退之後順應考證學風需求的產物。中唐以降，韓、柳等人所倡導的復古學風興起，駢散之文逐步退出歷史舞臺，而重視學問、講求考證的著作則相繼問世，專收考證著作的叢書即隨之問世。《儒學警悟》所收錄的汪應辰之《石林燕語辨》，程大昌之《演繁露》、《考古編》，馬永卿之《嬾眞子錄》，陳善之《捫虱新語》，俞成之《螢雪叢說》等，皆爲專講考證之著作。又如《百川學海》者，「除收入《螢雪叢說》、《刊誤》及其他種種考證書外，兼收可供研讀的多方面資料性原書」〔註61〕。蒙元與明代前期叢書少見刊行，「自與其時學術之中衰有關。嘉靖以後思想學術逐漸出現新局面，爲清學之前驅，於是編刻叢書的熱潮興起」〔註62〕。

明代是叢書編纂的一個爆發期，明代問世的叢書不僅數量眾多，種類亦較爲完全，既有毛晉所輯《六十種曲》、《宋名家詞》等專題性叢書，又有《漢魏叢書》、《唐宋叢書》及《百陵學山》、《夷門廣牘》等斷代、通代的綜合性叢書。專題性叢書的主要價值在於方便學界進行專題研究的開展與深入，而較爲完整的綜合性叢書則於保存文獻方面功不可沒，亦是輯佚學的重要取材對象，很多因部頭較小、內容較偏冷或某些外因而罕見於世者，惟借叢書之功留存後世。

〔註60〕（唐）陸龜蒙：《笠澤叢書序》，清雍正九年（1731）刻本。
〔註61〕黃永年：《學苑與書林》，第174頁，上海：上海書店出版社，2006年。
〔註62〕黃永年：《學苑與書林》，第175頁，上海：上海書店出版社，2006年。

　　學術思想的復興導致了大量叢書的編纂，而雕版印刷的普及應用則爲叢書的付梓流傳提供了可能。然而，明代的叢書纂刻雖然成果顯著，但同時也存在一些坊肆刻書的普遍陋習。其中有節略某書、杜撰書名以充新奇者，四庫館臣便指《格致叢書》「爲萬曆、天啓間坊賈射利之本。雜採諸書，更易名目。古書一經其點竄，並庸惡陋劣，使人厭觀……摭王應麟《困學紀聞》論詩之語，即名曰《困學紀詩》。又摭其《玉海》中詩類一門，即名曰《玉海紀詩》。又摭馬端臨《經籍考》論詩數段，即名曰《文獻詩考》」〔註 63〕。祁承㸁亦於《藏書訓略》中提到坊刻中的這種風氣，稱「至如陶弘景之《眞誥》，而析以《協昌期》、《甄授命》之名；馮贄之《雲仙散錄》，而託以詭秘之目。又如今日偶從友人王菫父家借得《比事摘錄》一卷，中所引用如《畢辜》、《厲咮》等錄，初不曉其何書，乃按其文，乃知即《餘多序錄》所以分別卷帙者也，且刊者訛謬，以『極如』爲『橘如』，以『畢相』爲『終相』，事同兒戲，殊爲可笑，此所謂故析其名以示博者也」〔註 64〕。再者，明代叢書於收錄書籍時往往存在節錄現象。如袁褧輯刻之《金聲玉振集》中，十卷本《寓圃雜記》僅收錄一卷，四十卷的《水東日記》亦只一卷等；《四庫全書總目》亦指出《古今說海》對所錄各書「略有刪節」〔註 65〕。更有甚者，則將叢書未收錄之書亦列入目錄之中，乃成浮誇虛妄之事。如《百陵學山》中之《三煉法》、《六煉九煉法》二種即爲有目無書者。這種情況在明代的引用書目或總目、序跋之中時有存在，國圖藏明刻本《南濠居士文跋》目錄爲六卷，其卷五、六爲碑帖跋，下有「見《金薤琳琅》」小字樣，而正文實爲四卷，無此碑帖二卷。以上種種爲明人刻書治學之陋習，後人當需引而鑒之。

　　據江曦《最早設立「叢書部」之書目考辨》研究，成書於清初的祁理孫《奕慶樓藏書目》當編訂於姚際恆《好古堂書目》之前，故而當爲目錄學中將叢書單設一部之濫觴。《奕慶樓藏書目》分經、史、子、集、四部匯五部著錄圖籍。祁理孫將專門性叢書分入經、史、子、集各部，將綜合性叢書歸入四部匯。四部匯即爲綜合性叢書部，著錄《經史全書》、《漢魏叢書》、《津逮秘書》、《百川學海》、《格致叢書》等十四種。

〔註 63〕　（清）永瑢：《四庫全書總目》卷一三四，北京：中華書局，1965 年。
〔註 64〕　（明）祁承㸁：《藏書訓略》，《經籍會通（外四種）》，第 81 頁，北京：北京燕山出版社，1999 年。
〔註 65〕　（清）永瑢：《四庫全書總目》卷一二三，北京：中華書局，1965 年。

　　《奕慶樓藏書目》之前的明代多部書目雖未將叢書單設一部，但亦以其他形式著錄大量叢書。其中，祁承㸁於萬曆間編製的《澹生堂藏書目》於子部設有「叢書類」，分國朝史、經史子雜、子匯、說匯、雜集、彙集六小類著錄叢書六十六種，這是叢書作爲單獨類目見載於書目之最早者。此外，《笠澤堂書目》中亦有《古今說海》、《百川學海》、《說郛》、《廣百川學海》等大型叢書歸屬於子部設雜家類，但該類之中亦載有類書、書畫等其他圖籍，而非將類書單做一類者。

　　《趙定宇書目》著錄有《稗統目錄》、《稗統後編》、《稗統續編》三種，每種之下詳列所載之各書書名，實際上是將此三種叢書作爲一級類目而與經、史、子、集等並行。但該目的類目設置較爲簡要，而其所著錄之叢書又有散見於其他類目之中如「小說書」類之《稗海大觀》、「佛書」類之《說郛》〔註66〕者，故不將其看做叢書單獨設類之典範。與《趙定宇書目》情況類似者，有殷仲春所撰之《醫藏書目》。該目列醫學叢書《古本東垣十書》、《東垣十書》、《醫經萃錄》、《青囊雜纂》、《太醫院醫書十種》、《薛立齋十種》、《程氏醫書六種》、《汪石山醫學七書》、《萬氏全醫集六種》九種，每種單做一類而與其他二十函並稱，每種叢書下亦著錄所載諸書。又有毛晉《汲古閣校刻書目》者，著錄有《漢魏六朝一百三家集》以及毛晉所編之《津逮秘書五十集》、《六十種曲》、《詞苑英華》、《詩詞雜俎》、《宋名家詞六集》，總計六種叢書，皆爲一級類目。

　　其他如《濮陽蒲汀李先生家藏書目》內之《說郛》、周弘祖《古今書刻》內「南直隸・蘇州府」之《百川學海》等，皆爲分散見錄於書目之內者。這些叢書的存在，亦可作爲考見叢書發展趨勢的重要資料。

（八）釋道二家書籍的歸置

　　書目的重要價值之一是反映其時的學術風氣及藏書家的學術傾向。明代政府對釋道二家採取相對寬鬆的政治態度，設專門的機構加以整頓、管理，又對宗教主意維護中央集權的特性著意利用。佛、道二家在明代趨於世俗化，政府、民間皆有多次纂刻藏經之舉。明朝歷代帝王多奉道教，文人儒士則以居家談禪爲尚，著名學者如宋濂、李贄、袁宏道、焦竑、屠隆等人都有佛學著作存世。明代除公藏書目外，諸多私家書目中亦收錄有一定數量的佛老經

〔註66〕按：或爲舊寫本補錄之故。

籍，正是這種時代風氣在藏書界的直觀表現。

　　道家爲先秦顯學，歷經時代流變，積澱頗厚。自《漢志》以降，歷代正史藝文志如《隋志》、《舊唐志》、《新唐志》、《宋志》者，皆於子部設類收錄道家之書，其序位僅次於儒家，列於子部第二，可見在學術領域的受重視程度。然元明之後，清初所修《明史・藝文志》乃將道家與釋家並置子部之末，至《清史稿・藝文志》與《四庫全書總目》時，道家甚至被置於釋家之後，位列子部之末。究其所以，李致忠認爲歷代目錄學家將「神仙、方術、燒煉、符籙、章咒、養生、導引都歸入道家，則是造成道家混亂、降低道家哲學地位的重要原因。其始作俑者是《新唐書・藝文志》，至《宋史・藝文志》其道家收書竟達七百十七，二千五百二十四卷，尚不算《道藏》，亂到了極點」〔註67〕。

　　隋唐之後的歷代統治者對道教神性甚爲推崇，道家的宗教屬性迅速膨脹發酵，於教義、修煉、齋醮等各方面皆有大量著作問世。至明代而內丹學說崛起，各種民間教派亦紛紛勃發。胡應麟評價稱「蓋後世神仙之說，雖原本道家，實與道家異。置於服食章醮，而老子之道亡也久矣」〔註68〕，則其時道家之學術性、思想性已趨於式微。

　　胡應麟《經籍會通》對佛道二家的盛衰流變及其典籍在歷代書目中的部類歸屬情況做了基本的介紹：

　　　　凡道家之書始於周，盛於漢，極於晉、唐；凡釋氏之書始於漢，盛於梁，極於隋、唐，而皆少殺於宋之南渡。而釋氏之教復極盛於元，道亦庶焉，至明又皆左次矣。劉歆《七略》無所謂釋氏，王儉、任昉釋典皆自爲類，阮孝緒《七錄》亦另錄釋、道二家，《隋志》略同，惟《新唐志》附子家末，《通考》因之。蓋以道家本列九流，釋典不宜更出。余意二藏篇帙既多，且本方外之說，分門另錄似無不可。第如《唐志》、《通考》，亦未爲不宜也。〔註69〕

在二家書籍於目錄學中的歸屬問題上，胡應麟認爲將其單設亦可，將其視爲九流而附於子書之末亦可，皆有據可循、有理可依。其於自編之《二酉山房

〔註67〕　李致忠：《三目類序釋評》，轉引自萬彩紅《道家地位變遷在古典目錄學上的印證》，《蘭臺世界》，2016年第10期。

〔註68〕　（明）胡應麟：《少室山房筆叢》卷四二《玉壺暇覽》，上海：上海書店出版社，2009年。

〔註69〕　（明）胡應麟：《經籍會通》，第26頁，北京：北京燕山出版社，1999年。

書目》中，則因所收二家之書數量相對較少，「僅單行釋道書數千卷」〔註70〕，故依《通考》例附子家之末。縱觀明代的藏書目錄，則亦爲此二種傾向分庭抗禮，並無統一定式，亦無所創新，惟部分書目在對二家之中某些特殊性質的書籍歸類上做了一些更爲細緻的調整。茲爲舉例，稍作論述。

明代各家書目中，遵循《七錄》、《隋志》舊例而將二家單設類目、與四部並行的做法始於《文淵閣書目》。該目不設四部，以國朝類爲首，以下大致依照五經、四書、性理、經濟、史、子、集的次序以千字文分櫥結合小類目排列。於文集、詩詞之後著錄類書、韻書、姓氏、諸譜、政書、刑、兵、算法、陰陽、醫、農等典籍，於全目之末著錄二家及志書。其中，卷十六張字號收道書一櫥，計一百九十九種（按：實爲二百種）；卷十七寒字號收佛書二櫥，計四百六種。二家之中皆未再做細分。

《秘閣書目》以《文淵閣書目》爲藍本，卷次大概依《文淵閣書目》而更爲簡略，不以千字文爲序，不登藏書櫥，僅以書籍內容略爲歸類。其佛道二類亦置於卷末志書之前，佛書類著錄三百九種，道書類著錄一百三十八種，其數量較之楊士奇編目之時已有減少，則閣中藏書日漸散佚之況可知。

晁瑮《寶文堂書目》以上中下三卷總論全目。其上卷著錄五經、四書、史、子、文集、詩詞者，中卷分類書目列類書、子雜、樂府、四六、經濟、舉業六類，下卷則爲諸譜、政書、刑、兵、算法、陰陽、醫、農等，佛、道二家置於下卷之末、法帖之前，佛藏類著錄五百四十種，道藏類著錄二百七十六種。

《趙定宇書目》將佛、道二家位置稍微前提置於文集之後、志書、小學、術數、醫雜等目之前，著錄佛書四百七十八種、道家書五十五種，則二家之地位稍有提高。

以上四種大致是以書籍的學術屬性爲標準對書籍進行歸置排列，將佛、道二家置於末流者，乃是將其二家視爲方外之書而非經世致用的學術性書籍之意。

曹學佺《蜀中廣記‧著作記》對二家書的歸類較爲巧妙。曹氏將《七錄》、《通考》與《文淵閣書目》三家舊例融會貫通，於四部之外設「內典‧玄書」部著錄佛老經籍六十七種，並將該部與地理志部插入子、集之間，並爲六部。這種做法雖於釋道二家之歸位問題上略有巧思，但同時也造成了志書歸位未

〔註70〕 （明）胡應麟：《經籍會通》，第 26 頁，北京：北京燕山出版社，1999 年。

當的問題，難以稱善。

後有許恭採王世貞《弇州續稿》中讀佛經之文爲一卷、讀道經之文爲二卷、并《四部稿》中讀文之作一卷及《附集》四卷而成《讀書後》八卷者，則其卷次安排亦有《隋志》之風。

明代書目依《通考》之例將二家經籍置於子部者，首推吳寬之《吳文定公藏書目》。該目於子部設道家類，著錄有《鬻子》、《老子道德經》、《河上公注老子‧老子指歸》三種。高儒《百川書志》於子志五設佛家類著錄十一種、道家類著錄十九種。《笠澤堂書目》設釋家類著錄七十四種、道家類著錄六十五種。（嘉靖）《浙江通志‧藝文志》子類末爲仙釋類，下分仙、釋二類，共著錄五十九種。其中仙類下又依朝代分爲漢（12 種）、三國（1 種）、南北朝（28種）、宋（3種）、元（4種）五小類。

此外，王圻《續文獻通考‧經籍考》卷一百七十九有佛家類，著錄七十九種；有道家類，著錄三十六種。《萬卷堂書目》於卷三設釋家類，著錄七十五種。朱睦㮮《萬卷堂書目》卷三著錄道家一百三十六部、釋家七十五部。七卷本《徐氏家藏書目》於卷之三設釋類著錄二百九十五種、設道類著錄一百四十一種。四卷本《徐氏紅雨樓書目》亦於卷三著錄，其道類爲一百三十七種、釋類爲一百九十六種。《澹生堂藏書目》卷八設道家類，分十一小類，著錄道教書籍三百三十二種。於卷九設釋家類，分十八小類，著錄佛教書籍九百一十九種。焦竑《國史經籍志》卷四上有道家、釋家二類。道家分二十四類；釋家分九類，總著錄二家經籍三千三百二十八種。以上各類歸屬子部範圍。

另有《脈望館藏書目》者，於張字號下設佛家類，著錄一百一十二種，設仙家類，著錄一百一十二種，歸於子部。然又於其後律字號‧舊板書中設佛家類著錄十一種、設仙家類著錄五種，與舊板經史子集並列。可見趙琦美對佛、道二家的歸屬並未有清晰的決斷，明代目錄學家於分類上的粗陋混亂亦可窺一斑。

明代書目中又多有不爲二家設置類目、僅零散著錄者，多以載錄書籍數量較少之故。如《（嘉靖）建陽縣志‧圖書》將二家著述與類書、筆記、地理書、韻書等並置於雜書類，周弘祖《古今書刻》將《六祖壇經》、《傳燈錄》等散錄於福建‧書坊‧醫卜星相堪輿玄修等類，《濮陽蒲汀李先生家藏書目》間或著錄有《神僧傳》、《洛陽伽藍記》等，聶良杞《百泉書院志‧書籍》著

錄有道家書《六子》〔註71〕一種；又有毛晉《汲古閣校刻書目》隨錄《金剛經疏抄》、《心經小抄》、《梵本翻宋板華嚴經全部》三種，鄭德懋所輯《汲古閣校刻書目補遺》補錄《大悲神咒》、《金剛經》、《北斗經》、《大雲輪請雨經》、《武烈帝籤訣》及《道藏八種》，《八種》中除道書外，亦有《華陽陶隱居集》、《宗老先生文集》、《伊川擊壤集》等爲《道藏》所收之詩文集。

　　明代各私家書目在著錄佛道經籍時，出現了將二家經典與經解撰述以及文學作品分別歸類著錄的情況。最早的《文淵閣書目》將釋道二家的詩詞著作置於「詩詞」類，將二家經書於各類之末單置。《世善堂藏書目錄》於集類設「緇流集」，著錄僧人詩文集七種；又於「各家六」類之下設「神仙道家」、「釋典二類，著錄道經四十五種、佛經三十五種。成書於清代的《玄賞齋書目》於集部單設僧人集類，著錄僧人詩文集十種；於子部設道家、釋家二類，著錄二家經解撰述七十七種；又於集部之後、全書之末設儒道部一卷，分釋藏、道藏二類著錄二家經籍五百四十七種。《文淵閣》、《世善堂》二目將僧人詩文作品置於集部的行爲乃目錄學家兼容並包的胸襟體現。《玄賞齋》將其單獨設類、且置於集部之末的做法，則又是對作者方外身份的強調。將釋、道於四部之末單獨設類著錄的做法是爲《隋志》遺風，可稱規整。此外，《玄賞齋書目》雖爲僞書，然其將經典及著述分別歸置的做法甚可稱道，是目錄學分類思想的一大進步。

五、明代書目編纂的特徵

　　綜上所述，明代書目編纂的特徵大致有三。其一，普遍注重書目的帳簿登記功用，強調書目的工具性。千字文編號法本身便具有清點登記的意味，《文淵閣書目》、《脈望館書目》等依千字文爲書櫥編號、並在書目中標注的做法，凸顯的便是書目的工具檢索性。

　　其二，普遍存在多重分類依據並用的情況。以殷仲春《醫藏書目》爲例。該目依醫籍屬性歸函，又於各函之間插入醫學叢書九種，將書籍的學術性與歸屬性並用做設類依據，使得各類目之間界限模糊、書籍歸置不清。同一書目中多種設類依據並用的情況是明代自由學風的體現，也是明代目錄學家對書目編纂體例的主動探索。這種探索在《趙定宇書目》中表現得尤爲明顯。

〔註71〕趙所生、薛正興主編：《中國歷代書院志》第六冊，第117頁，南京：江蘇教育出版社，1995年。

該目採《千字文》之一號、與書目屬性、朝代、版本、著述人、收藏家等多種內容並作設類依據，在書目的類例劃分方面具有明顯的實驗意味。

隨著這種探索的加深，多標準、立體化的分類結構對書目靈活性、實用性的促進作用亦逐漸顯現。《脈望館書目》即為成功運用多重分類依據的典型案例。趙琦美在趙用賢舊目的基礎上，根據其時家藏書籍的情況重新設類編目，以四部並舊板書、佛老、畫帖為一級類目，依朝代、地域、書籍性質等為各類設立子類目，又依千字文編號登記書櫥。《脈望館書目》雖分類依據多樣，然歸類嚴格，界線清晰，查閱方便，為來新夏稱為兼備分類與排架兩種目錄屬性且分類為實、排架為虛者，堪稱明代書目之佳品。

其三，明代書目既有對前代書目分類傳統的繼承性，又有根據實際情況進行調整的創新性。明代諸家書目的設類數量雖相差較大，但普遍保留著經、史、子、集的大致框架，對五經、正史、編年、雜史、職官、諸子、詩文集、釋、道等舊有類目亦予以沿用。此外，明代諸家書目又根據時代的變化新增了四書、性理、藩府、舉業等出現於明代、或定型於明代的新類目。其對類書、叢書等所做的歸置調整，亦直接反映出了這些書籍在明代的發展情況。

總而言之，明代書目的分類結構尚未統一，類目設置的主觀性突出，於邏輯性方面則略有缺憾。然而，其對書目基本屬性的強調以及對多樣化設類方式的綜合併用等，則為後世尤其當代的書目編製點明了重點、提供了多種參考依據。靈活性、實用性是明代書目編纂中體現出來的最重要特徵，亦是明代目錄學的優勢之一。明代之後，書目於編製體例上不再受傳統四部之囿，具有了更大的發展空間。

六、明代目錄學家的目錄學思想

明代書目疏於解題，目錄學家的學術思想、目錄學理論等主要通過書目的編纂體例及相關的序跋題記等表現出來。

就書目的著錄情況而言，對版本的強調是明代書目編纂中最為突出的特色。自《文淵閣書目》之後，李廷相《濮陽蒲汀李先生家藏書目》、晁瑮《晁氏寶文堂書目》、趙用賢《趙定宇書目》等或依版本為書目設類、或於書目中著錄大量的版本類型，而對抄本及宋元舊刻、大字本等更是作特別著錄，體現出明代中後期目錄學家版本意識的抬頭。

　　就書目的分類體系而言，明代目錄學家的分類思想主要體現在對書目類目的細化方面。陸深於書目的類例劃分方面頗有心得。他在編纂家藏書目時，拋棄了四部成法的束縛，創設十四部分類法。陸深書目首列御製，下設理性類於經、史之間，又有古書、諸子、文集、詩集、類書、雜史、諸志、韻書、小學醫藥、雜流共十四部並行。此外，又於《藏書目序》中將自己的分類緣由作了詳盡的理論闡釋。陸深於書目分類體系有理論、有實踐，有對前代分類體例的繼承，又有自己的創新，自成一家。書目分類思想是陸深目錄學思想最重要的體現，對後來的胡應麟、王圻等皆產生了一定的影響。首設「御製」或「內府」部是對前代書目編纂傳統的承繼，卻爲大多明代目錄學家採用，成爲明代書目中普遍存在的一大特色。

　　用於查核檢索是書目最基本的功能，卻也是最爲目錄學家忽視的屬性。書目的工具性在明代最爲學者看重。楊士奇《文淵閣書目》的編製方法爲余嘉錫稱爲「開後來藏書目之一派」〔註72〕者。其後如邱濬、高儒、陳第、徐𤊹、祁承㸁等人都表述過對書目「聊便查檢」、「得便檢閱」的工具性的重視。邱濬所稱「苟不各以類聚而目分之，則其於檢閱考究者無統矣」〔註73〕者，高儒所稱「書無目，猶兵無統馭，政無敎令，聚散無稽」〔註74〕者，陳第所稱「粗爲位置，以類相從，因成目錄，得便查檢」〔註75〕者，徐𤊹所稱「爲書目四卷，以備稽覽」〔註76〕者，以及祁承㸁之「互著」、「別裁」法等，皆是爲了便於檢閱：

　　　　……凡若此類，今皆悉爲分載，特明注原在某集之內，以便檢
　　閱。〔註77〕

〔註72〕　余嘉錫：《目錄學發微》卷三，第 105 至 108 頁。上海：上海古籍出版社，2013年。

〔註73〕　（明）邱濬：《大學衍義補》卷九十四《圖籍之儲》，清文淵閣《四庫全書》本。

〔註74〕　（明）高儒：《百川書志序》，《百川書志》第 2、3 頁，上海：上海古籍出版社，2005 年。

〔註75〕　范鳳書：《中國著名藏書家與藏書樓》，第 79 頁，鄭州：大象出版社，2013年。

〔註76〕　（明）徐𤊹：《徐氏紅雨樓書目序》，《晁氏寶文堂書目·徐氏紅雨樓書目》，第 244 頁，上海：上海古籍出版社，2005 年。

〔註77〕　（明）祁承㸁：《庚申整書小記附略例》，《經籍會通（外四種)》，第 90 頁，北京：北京燕山出版社，1999 年。

焦竑亦非常重視書目的分類，稱「部分不明則兵亂，類例不立則書亡」〔註78〕。
《國史經籍志》的類目設置便極盡細緻之能，書目歸置較為合理，是焦竑分
類思想的具體實踐。此外，焦竑又於《國史經籍志》的「糾謬」部分對前代
書目的歸置不妥之處多有調整。將「糾謬」部分的內容與《國史經籍志》的
類目設置對照參看，可以較為全面地瞭解焦竑的分類思想。此外，焦竑撰有
《老子翼》、《莊子翼》二種，皆附有引用書目，反映出焦竑對書目所具有的
書籍導讀功能的認識。

　　編纂體例之外，書目解題是最能彰顯目錄學家學術思想的部分。明代亦
有較為完備的解題性書目。其中，《南雍志・經籍考》有大序，有小序，有分
類，有解題，著錄有序，論述詳備，是梅鷟於目錄學方面的代表作之一。朱
睦㮮《經序錄》、曹學佺《蜀中廣記・著作記》等則採用了輯錄多家論述充當
解題的方法，對作品的價值進行了多方面的詳盡闡釋。《曲品》、《南詞敘錄》
中的敘論內容，是呂天成、徐渭等人戲劇理論的結晶。《道藏目錄詳注》則是
白雲霽道教觀的直接體現。此外，焦竑於《國史經籍志》的大、小序及《糾
謬》部分集中、系統地表達了自己的學術思想。

　　焦竑稱《國史經籍志》所錄為見存之書。而實際上，其時的國史館並無
統計天下書籍的能力。焦竑編目時，乃是在清點內閣與家藏書籍的基礎上，
參考了《通志・藝文略》等前代書目以及明代已有的各家書目，採取了不論
存佚、通記古今書籍的編目方法。於收錄範圍而言，《國史經籍志》確未依循
國史舊例。然該目分類細緻詳覈，兼備大、小序，並開創性地附有對歷代藝
文志的《糾謬》，形成了特色鮮明的編纂體例。《國史經籍志》分 5 部，下設
二級類目達 305 種之多，精密程度遠超前代書目。焦竑於大、小序與《糾謬》
之內，對四部書籍的學術源流做了較為系統的追溯，對學術懸案做了大致的
考辨，對歷代藝文志的編纂未當之處提出了自己的看法。《國史經籍志》的體
例之善、學術性之強，足為後世效法。

　　編目實踐之外，明代目錄學家多有獨具特色的藏書思想。其中，有如祁
承㸁特立《藏書訓約》，叮囑子孫慎加寶藏者，亦有如陳第稱「守與不守，亦
數有必至」〔註79〕者；有葉盛「讀必謹，鎖必牢，收必審，閣必高。子孫了，

〔註78〕　（明）焦竑：《國史經籍志》卷三《史類》，明徐象枟刻本。
〔註79〕　（明）陳第：《世善堂藏書目錄題詞》，《藏書紀事詩・附補正》，第 281 頁，
　　　　　上海：上海古籍出版社，1989 年。

惟學斅，借非其人亦不孝」〔註80〕的私密式藏書觀，亦有李如一「天下書、
天下人共讀之」的開放式藏書觀。而趙用賢、胡應麟、祁承㸁等人鼓勵書籍
流通、主張藏書家之間應當相互交換目錄從而勵藏書致用的理念與實踐更是
代表了明代藏書家的主流觀念。其中胡應麟、祁承㸁二人將自己的目錄學思
想總結昇華，撰寫了專門的目錄學理論著作。徐𤊹雖未提出明確的目錄學理
論，但祁承㸁在《庚申整書略例》中提出的「因」（繼承四部法）、「益」（根
據實際需要對類目加以增補）、「通」（別裁）、「互」（互著）編目分類四法在
《徐氏家藏書目》中都有體現，則徐𤊹先進的目錄學思想亦可見一斑。《徐氏
家藏書目》、《紅雨樓題跋》二種是徐𤊹目錄學思想的精華所在，其「傳佈爲藏」、
重視校讎、重視方志、版本等先進的聚書、藏書思想於其中皆有實踐與記載。
此外，《筆精》中亦有多篇著錄了徐𤊹的目錄學思想，可與其編目實踐參照研
究。

七、明代的書目編纂所體現的學術文化特色

　　明代是中國古代學術文化的繁盛期。明代的學術文化活動於諸多領域皆
取得了輝煌燦爛的成就，具有鮮明的時代特色，這些特色往往可以從明代書
目的編纂中得到直觀的反映。

　　以刻書業爲例。雕版印刷技術在明代趨於成熟，政府亦採取免稅等措施
降低刻書成本，鼓勵發展書籍產業。故而明代自內閣、南北監至各級政府機
構、地方藩府、府州縣學皆多行刻書事，家刻、書坊亦大量興起，出現了麻
沙、崇化等刻書中心。明代問世的書籍數量呈井噴式增長，書籍的流通亦活
躍空前，公私藏書的數量遠超前代。這一文化現象給明代的書目編纂帶來兩
大直接後果。一是專門的刻書目錄紛紛問世，二是藏書目錄及藏書目錄中著
錄的書籍數量皆大幅增長。

　　再如宗教方面，明代政府對佛教、道教等進行整改的同時，亦對其教義
加以倡導，致使民間、官方各有多次刊修藏經的舉措。這不僅使得各家書目
對佛、道書籍多有收錄，且產生了相應的多部佛道專科書目。

　　再如譯著方面。明代之前，中國引進、翻譯外國著作的情況基本局限於

〔註80〕　（明）葉盛：《書櫥銘》，《中國藏書家考略》，第 290 頁，上海：上海古籍出
　　　　版社，1990 年。

佛經範疇，且多於宋代之前進行，而對其他著述的譯著較少。明代對外交流頻繁，除《天工開物》等科技著作被翻譯成各國文字外，亦有大量外國著作湧入，四夷館內便有專門的翻譯機構。《世善堂藏書目錄》「四譯（夷）載記」類不僅借用四夷館名設類，且收錄了艾儒略《職方外紀》一書。該書爲意大利傳教士艾儒略於天啓三年（1623）據龐迪我、熊三拔底本編譯而成，是晚明時期中外交流留下的痕跡。《脈望館書目》則設「大西人著述」一類，著錄《天主教義》、《幾何原本》等外國科技、宗教著作 9 種，反映出其時外國文化於中國的傳播情況。

　　再如軍事方面。在明王朝近三百年的歷史中，內憂外患始終未絕。內有靖難之役、唐賽兒起義、朱高煦反叛等，外有東南沿海的倭寇侵擾、中期的土木堡戰役、援朝抗日、對抗後金等。「從洪武元年（1368）到崇禎十六年（1643）的 275 年中，共發生大小戰爭 579 次」﹝註81﹞。疆域不寧，乃思強化軍事。明人對於兵書的刊印、修撰格外重視。明代不僅翻印、重刻前代兵書、戰法，明人亦修撰了大量的軍事書籍，並將《武經七書》等納入武舉的考試範圍。明代諸家書目中多有兵書見載。《文淵閣書目》兵法類有 123 種，《秘閣書目》兵書類有 81 種，《行人司重刻書目》兵家類有 13 種，《國史經籍志》兵家設 5 類、著錄 267 種，《澹生堂藏書目》兵家設 2 類、著錄 77 種，又有《徐氏家藏書目》兵類 33 種、《晁氏寶文堂書目》兵書 56 種、《世善堂藏書目錄》兵家書 47 種等，皆收錄較多。

　　中國古代的思想流派往往互相滲透和影響，儒家與兵家之間亦即如是。明代著名軍事家皆爲儒將，王守仁、俞大猷、戚繼光等人均具有深厚的儒家思想基礎，其軍事思想內亦多呈現兵儒融合的特色。兵儒結合的軍事思想於明代的書目之中亦有體現。以陳第《世善堂藏書目錄》爲例。陳第曾於萬曆初守古北口，官至薊鎮游擊將軍，是傑出的軍事將領，同時又爲音韻大家、史學家、藏書家、目錄學家，文武兼備。其家藏書目《世善堂藏書目錄》設「兵家書」類，收錄《孫武子》、《吳子》、《八陣圖法》、《漢兵制本末》等歷代兵書 47 種，稱「內多儒者之言，亦有可採者」﹝註82﹞。可見陳第認識到了儒家思想對軍事戰略的指導意義。

　　南炳文、何孝榮《明代文化研究》一書對明代的文化活動做了全面、系

﹝註81﹞ 范中義：《明代軍事思想簡論》，《歷史研究》，1996 年第 5 期。
﹝註82﹞ （明）陳第：《世善堂藏書目錄》卷下《兵家書》，鮑氏刻本。

統的分析，將其成就概括爲富於總結性、多有創新、反映並適應商品經濟的需求、具有反傳統的近代啓蒙色彩、各民族互相影響、中外交流成效顯著、政府積極參與文化事業等七大特色〔註83〕。本書認爲，明代學術文化的重要成果之一，便是產生了大量的、覆蓋各領域的、各具特色的書目。

茲從經學與理學、史學、文學與版本、醫藥學等方面對明代書目中反映出來的學術文化的時代特色略加探究。

（一）經學與理學

明初推興文治，崇尚程朱。性理學說於明代興起，四書地位提升，幾與五經並重。永樂間頒佈三《大全》後，理學、心學的發展與普及達到了空前的繁盛。明代的學術思想領域，呈現出前期承繼理學、中期心學勃發、後期考據辨偽三個階段，皆有相關著述問世。

學界對明代的經學成就往往評價較低。顧炎武稱其「無非竊盜」〔註84〕，皮錫瑞認爲宋元明三代經學中，「元不及宋，明又不及元」〔註85〕。然而，在經學整體萎靡的大環境下，明代於《詩》學、《易》學、音韻、辨偽、考據等方面的研究成果較之前代皆有較大的進步，其成就不容忽視。劉師培《國學發微》一文對明代的經學成就做了較爲客觀的評價。其於三《大全》之外，對梅鷟、陳第、胡應麟等人的辨偽成就，對朱謀瑋等人的《詩》學、《易》學成就，對陸粲、馮時可等人的《春秋》學成就，對方孝孺、王守仁等主張復興《大學》古本的觀點，以及明代諸家學者於小學、經解、史學、諸子、考據、校勘、輯錄等領域的成就皆加以肯定，指出了明代學者於經學研究領域無可替代的貢獻〔註86〕。

明代綜合性書目對經學、理學類著述的著錄呈現兩方面的特色：一是收錄的數量可觀。明代諸家書目基本皆收錄了大量的四書、五經、性理類書籍。如《文淵閣書目》「地」、「玄」、「黃」3櫥收錄1243種；《內閣藏書目錄》經部337種，理學部128種；《行人司書目》經部256種；《百川書志》經志239種；《吳文定公藏書目》經部756種，子部儒家91種等。劉師培《國學發微》一文所指

〔註83〕 按：參見南炳文、何孝榮：《明代文化研究》，第2至5頁，北京：人民出版社，2006年。

〔註84〕 （清）顧炎武：《日知錄》卷一八《竊書》，清乾隆刻本。

〔註85〕 （清）皮錫瑞：《經學歷史》，清光緒思賢書局刻本。

〔註86〕 按：參見葉純芳：《中國經學史大綱》，第410至412頁。北京：北京大學出版社，2016年。

出的多部明代重要經學成果，如朱謀瑋《詩故》（按：《續文獻通考》、《授經圖》）、
《易象通》（按：《澹生堂藏書目》、《授經圖》等）、《駢雅》（按：《國史經籍志》、
《澹生堂藏書目》等），陸粲《左傳附注》（按：《萬卷堂書目》、《授經圖》），陳
矩《說文韻譜》（按：《蜀中廣記》）等，在明代書目中皆見著錄。二是產生了「性
理」、「四書」等新的類目。這些類目順應時代學術風氣而生，一旦問世，即爲
廣泛採用。自《文淵閣書目》而後，明代絕大多數書目皆設有此二類，收錄理
學、四書類書籍。這種出現在明代的類目設置後來爲《四庫全書》所採用，乃
成四部分類法之定制。前文對此類目二種做有探討，可供參考〔註87〕。

　　綜合性書目之外，《授經圖義例》、《經序錄》等經學專科目錄的問世，亦
是明代經學的重要成就。《授經圖義例》與《經序錄》二種皆爲朱睦㮮所撰。
《授經圖義例》是在章若愚《山堂考索》的基礎上增訂而成。朱睦㮮意欲追
溯經學源流，故「所述列傳止於兩漢」。該書後經黃虞稷增補校改，原貌幾爲
湮沒。《經序錄》爲輯錄《五經》的名家序跋而成，保存了重要的史料之餘，
更上承馬端臨《文獻通考·經籍考》、下啓朱彝尊《經義考》，成爲輯錄體書
目的重要階段性成果。《授經圖義例》與《經序錄》的著錄內容與編纂體例，
皆是朱睦㮮的經學思想於書目中的具體展現。

　　明代中後期，隨著宋明理學後學弊端的浮現、文學復古運動對鑽研古書
的倡導、藏書刻書風氣的興起，以及學者仕途的失意等現象的出現，學術領
域逐漸產生了樸學的萌芽。以陳第、楊愼、焦竑等人爲代表的考據學家多有
成果問世。陳第的考據範圍主要集中在音韻學方面，《趙定宇書目》單設「楊
升庵書集目錄」、《脈望館藏書目》有「升菴」類，是對楊愼著述的專門設類
記載。《俗書刊誤》、《焦氏筆乘》等著述亦廣泛見載於《世善堂藏書目錄》、《蜀
中廣記》、《澹生堂藏書目》等多家書目之中。辨僞是考據學的一個分支。明
代的辨僞學有宋濂《諸子辨》、梅鷟《尙書譜》、《尙書考異》等眾多成果。至
《四部正訛》問世，則將書籍辨僞的範圍由諸子擴大到四部，並提出了辨僞
八法，是胡應麟辨僞思想的結晶，也是明代辨僞學的最高成就。

　　文學復古運動促進了考據學在明代的逐步興盛，而同時，考據學的興起
亦是明代中後期注重舊本、宋元板的重要原因之一。宋板多精槧精校，相對
而言較好地保存了秦魏漢唐的著述原貌，具有極高的校勘價值。重視宋元舊
刻、重視明代影宋刻的學術風氣反映在明代的書目編纂中，便出現了如《濮

〔註87〕　按：參見本文《結語·四·（三）四書性理類的設立與理學書籍的歸置》部分。

陽蒲汀李先生家藏書目》、《趙定宇書目》、《脈望館書目》等書目對豐富多樣的版本類型的著錄與強調。

（二）史學

明代較爲重視史書的纂修。正史方面，明代修有《宋》、《元》二史。又有編修紀傳體《明史》的舉措，產生了焦竑《國史經籍志》這一重要成果。正史之外，明代纂修了十三朝《實錄》與《明會典》，編纂皆較爲詳備，是記錄明代史實、典章的一手資料，具有極高的史學價值。重視《實錄》的史學思想於《吳文定公藏書目》、《世善堂藏書目錄》、《脈望館藏書目錄》等明代書目之中皆有所反映。《吳文定公藏書目》設「起居注」類，著錄唐至宋的歷代《實錄》50餘種。這一成果彌補了正統間《文淵閣書目》未收錄前代《實錄》的著錄之失，保存了唐宋各代實錄於明代前期存世的珍貴線索。吳寬之後，陳第《世善堂藏書目錄》亦收錄有明代以前的《實錄》10種，趙琦美《脈望館藏書目錄》則著錄了明太祖至明穆宗的10朝《實錄》，二目亦皆爲《實錄》單獨設類著錄。這些書目對《實錄》的收藏、著錄，是目錄學家史學觀點的直接體現。

《實錄》之外，重視典制的學術風氣也導致了明代諸家書目中普遍採用了將「典制」類單設的編纂體例。如《內閣藏書目錄》設「典制」部，收錄95種；《世善堂書目》史部下設「典制」類，收錄48種等，數量皆甚可觀。除《會要》外，「典制」類多著錄明代的皇室譜牒、儀典、綱紀、法則、條例等典章、制度類文獻。反映出明代對典制類文獻的重視。

「性靈說」、「百姓日用即道」等思想的興起，使得明代的學術風氣逐漸趨於世俗化、市民化。這種風氣反映在史學領域，便是出現了大量的野史、雜錄等私撰史書。野史的內容或者博採異聞、雜記等民間史料，敘述多有傳奇、演義的成分。又或者直接輯錄小說、筆記而成稗史類書等，形式多樣。

史臣紀事紀言，難免避諱潤色，而野史稗史所載恰可與正史互作補充。以明代著名史學家王圻爲例，其於《續文獻通考》之外，又編纂有《稗史彙編》一種。二書皆爲鴻篇巨製，一史一稗，相繼問世，互爲照應，正是王圻「史稗一體」史學觀的具體實踐。《稗史彙編》乃王圻在刪訂元代仇遠《稗史》、陶九成《說郛》二書的基礎上重編而成的稗史小說類書，且加入了明人所著小史等書中「有足闡發經傳，總領風教」者，目的在於「羽翼正史」〔註88〕。

〔註88〕（明）王圻：《稗史彙編》自序，北京：北京出版社，1993年。

該書對文人筆記、通俗小說的史學價值予以明確肯定，體現出明代史學家對鄉野史籍的重視。直接輯錄史料之餘，《稗史彙編》又特設《引書目錄》，廣引歷代筆記、野史、地志、小說等 808 種。《稗史彙編・引書目錄》的記載，既體現出該書廣博的史料來源，也爲書籍史的研究工作提供了大量的線索。

官、私史書之外，明代史論著述的數量亦相當可觀。尹達《中國史學發展史》稱明代的史論數量「超過宋、元史論之數」〔註89〕。明代史料編纂的盛況，於明代諸家書目中有明確的反映。如《澹生堂藏書目》史部下設 15 類，收錄 2622 種之多。其中雜史類著錄 105 種，內有野史稗史 92 種，雜錄 13 種。《世善堂藏書目》史部設 18 類，著錄 639 種。其中正史 25 種，編年 25 種，實錄 11 種，稗史野史雜記 106 種，偏據僞史 43 種等。《世善堂藏書目》雖經後人增補，然其載錄的亦可作爲觀照明代史學編纂成果的參考資料。

（三）文學——兼議明代目錄學家版本意識的抬頭

明代文學創作領域的主導思想，經歷了由明初的劉基、高啓開闊雄健的現實主義，至前期「三楊」平闊安閒的「臺閣體」，至中後期「茶陵派」與前後七子「文必秦漢、詩必盛唐」的文學復古運動、「公安派」求「眞」求「變」的「性靈說」、「竟陵派」追求獨立個性的「幽深孤峭」，而至明末陳子龍等人思想與藝術並重的改良式復古等多種階段的轉變。主要流派之外，各時期亦多有爭鳴者。與雕琢虛浮的「臺閣體」同時，又有于謙清新流麗的現實主義詩風。前後七子倡導「文必秦漢」時，王愼中、歸有光等「唐宋派」亦主張直抒胸臆，引導文壇以簡潔流暢的文字抒發眞情實感。李贄更提出「童眞」說，認爲文學創作中最重要的，當是「絕假純眞」，保有「最初一念之本心」〔註90〕，反對模倣抄襲。在此基礎上，袁宗道、袁中道等「公安派」提出了「性靈說」，要求作品「獨抒性靈，不拘格套」，直抒胸臆。明代文學創作各領域、各流派爭鳴，湧現出大量優秀詩人、散文家、評論家，也產生了大量的詩文集、詩文評等著作，於社會上廣爲流通。

明初詩壇承繼元代纖麗之末。高啓提倡模擬漢魏至宋的古詩，是明代文學復古運動的先驅。成化、弘治間，「茶陵派」李東陽等人主張宗法杜甫，直接引發了前、後七子「詩法盛唐」的創作思想。

明人創作的大量文學成果、明人重刻的大量前代文學成果，於明代的諸

〔註89〕尹達：《中國史學發展史》，第 272 頁，鄭州：中州古籍出版社，1985 年。
〔註90〕（明）李贄：《李溫陵集》卷九，明刻本。

家書目之中皆可得以考見。以《脈望館書目》集部爲例。該部「總文」類收錄《文選》、《歷代文萃》、《古賦辨體》等前代文、賦作品集 23 種,「總詩」類收錄《樂府詩集》、《玉臺新詠》、《七言古選》等前代詩選 22 種,「四六」類收錄《四六全書》、《四六菁華》等駢文作品集 9 種,「詩話」類收錄《全唐詩話》、《詩品》等前代詩評 24 種。又有「漢魏六朝文集」35 種,「唐人詩集」172 種,「宋人文集」135 種,皆爲明人創作的範文模板、規範。前人詩文著述之外,該目收錄的明人文集亦多達 368 種,內有方孝孺《遜志齋集》、高啓《高太史大全集》、《高季迪藻鳧集》、楊士奇《東里文集》、李夢陽《弘德集》、李東陽《李東陽集》、茅坤《玉芝山房稿》等諸家詩文流派代表人物的作品。由此,明代的詩文創作風氣、創作成果便可見一斑。

文學復古的影響之一,便是出現了大量重刻漢魏唐宋詩文集、詩文叢書、類書的現象。雕版印刷普及之前,書籍多以抄本形式流通,數量極少。又經多次易代,連年戰亂後,至明代存世的前朝書籍中,宋代刻本佔了較大的比例。宋刻本不僅內容貴重,且多精槧,闊板大字,摹印精美。正德之後,翻宋刻蔚然成風。大量珍貴的宋板書在明代得以翻刻,從而得到了更爲廣泛的流傳。一些珍密的書籍、序跋等藉以留存於世,宋刻的板式樣貌亦得到了後世的普遍認可。嘉靖間袁褧的嘉趣堂翻宋本爲現存明翻宋刻的精品。天啓間趙琦美《脈望館書目》收錄「《文選》三十本。二套」,稱「袁家板」〔註91〕。可見在明代,嘉趣堂的翻宋刻已爲時人所重。

明初分封之後,明太祖爲防止割據,輒限制各藩王參與政治,而鼓勵藩室子弟讀書問學。藩王爲避禍明志,亦樂於研習經史,進而轉向書籍的摹板雕印。藩府財力雄厚,刻書多翻舊善本,摹印精良且數量可觀,成爲明代出版業的一項重要組成部分。各藩府多有本府刻書書目。朱睦㮮《萬卷堂書目》即著錄有《徽府集書文冊》、《徽府書目》、《衡府書目》等藩府書目若干種,惜皆不存。晁瑮《晁氏寶文堂書目》著錄有《寧藩書目》,黃虞稷《千頃堂書目》稱《寧獻王書目》,爲寧藩獻王朱權的刻書目錄。《四庫存目》稱該目所載凡 137 種,數量可觀。

宋板書數量稀少,又爲時人所重,價值水漲船高。書賈射利,多有挖改翻宋刻書板、抽刪明人序跋、僞造收藏圖記等行爲,以翻宋板冒充舊刻。《晁氏寶文堂書目》著錄《萬寶詩山》一種,稱「宋刻國朝序」,便是典型的例子。

〔註91〕 (明)趙琦美:《脈望館書目・集・總門》,《涵芬樓秘笈》本。

《萬寶詩山》爲明宣德四年（1429）書林葉景逵輯刻之書，採用了仿宋刻的
板式。時人莆陽余性初爲之序，附於卷首，與該書同時付梓。余序內有「宣
德四年屠維作噩」字樣，刻工或將「屠維作噩」誤刻爲「著雍作噩」，乃爲奸
賈利用，就此挖去「宣德四年」字樣以充宋板。這一訛謬直至民國間方爲島
田翰指出。由此亦可想見該書翻宋板的技術之妙。葉德輝《書林清話》有「明
人刻書改換名目之謬」、「明人刻書添改脫誤」、「坊佔宋元刻之作僞」等節，
對明代刻書妄改、作僞的情況提出了批評。

　　明代目錄學家在編纂書目時少作解題，但往往將關鍵的信息，如作者、
年代、卷數、版本等擇要著錄。值得注意的是，各家書目中普遍存在著著錄
同書異名的情況。之所以出現這種情況，主要是由於明代坊刻任意篡改書名
所致。明人刻書多有改換名目情況的出現，如葉德輝所稱「唐劉肅《大唐新
語》，馮夢禎刻本改爲《唐世說新語》；先少保公《岩下放言》，商維濬刻《稗
海》本改爲鄭景望《蒙齋筆談》；郎奎金刻《釋名》，改作《逸雅》，以合《五
雅》之目」等〔註92〕。又有將一書析爲多書、各自冠以奇詭之名的做法，以
求吸引讀者、促進銷量。祁承㸁即見有分析《餘多序錄》之文而別稱《畢辜》、
《厲陬》的情況，稱爲「故析其名以示博」〔註93〕。

　　趙琦美《脈望館書目》著錄有巾箱本。如「春秋左氏」類有成化年板的
巾箱《胡傳》六本。「大學」類有巾箱本《大學》一本。巾箱本爲小開本書籍，
可置於放頭巾的小箱內，故而得名，又稱袖珍板。舉業書即爲巾箱本的一種。
《春秋胡傳》、《大學》等皆爲科考用書，書賈將其製成小開本出售，便於士
人夾帶抄襲，稱舉業書。這種書籍形式問世於宋，而盛行於明。初爲抄本，
隨著雕版印刷技術的成熟與普及，明代多有雕版刷印者，數量劇增，流傳甚
廣。書賈隨意篡改書籍內容、板式以牟取暴利的行爲在科舉用書方面表現得
尤爲突出。坊刻舉業用書錯訛連篇，貽誤學子，造成了惡劣的影響。官府對
這種情況制定了相應的政策，嚴禁書賈篡改《五經四書》的內容。葉德輝《書
林清話》有《明時官刻書只准翻刻不准另刻》一節，轉引嘉靖十一年（1532）
福建建陽坊刻本《周易經傳程朱傳義》末有福建提刑按察司牒文，著錄此事：

〔註92〕 葉德輝：《書林清話·明人刻書改換名目之謬》，上海：上海古籍出版社，2008
　　　　年。
〔註93〕 （明）祁承㸁：《澹生堂藏書訓約》，《經籍會通（外四種）》，第81頁，北京：
　　　　北京燕山出版社，2008年。

　　　　福建等處提刑按察司爲書籍事，照得《五經》、《四書》，士子第
一切要之書，舊刻頗稱善本。近時書坊射利，改刻袖珍等板，款制
褊狹，字多差訛。……豈但有誤初學，雖士子在場屋，亦訛寫被黜，
其爲誤亦已甚矣。議呈巡按察院詳允會督學道選委明經師生，將各
書一遵欽頒官本，重複校讎，字畫句讀音釋，俱頗明的。……刻成
合發刊布。……轉發建陽縣。拘各刻書匠戶到官，每給一部，嚴督
務要照式翻刻。……再不許故違官式，另自改刊。如有違謬，拿問
重罪，追板劃毀，決不輕貸。……〔註94〕

明代的雕版印刷技術雖然普及，但仍存在著很多弊端。刻工的文化程度、書
籍的社會需求量、書賈的銷售策略等都成爲某些學術書籍付梓流通的障礙。
此外，對於某些珍密善本、或學術價值較高的書籍，即使在有刻本傳世的情
況下，出於對書籍原貌的尊重，藏書家亦往往謄錄複本收藏，如《趙定宇書
目》中「抄白」之例。明代學者普遍重視抄書，吳寬叢書堂抄本、葉盛賜書
樓抄本、王氏郁岡齋抄本、沈氏野竹齋抄本、祁氏澹生堂抄本、毛氏汲古閣
抄本、謝肇淛小草齋抄本等，皆以選本珍善、用紙刻究、抄校精細聞名於世。
明代如《濮陽蒲汀李先生家藏書目》、《晁氏寶文堂書目》、《趙定宇書目》、《脈
望館書目》等諸家書目中，不僅大量收錄有名家抄本，且往往對其抄本的性
質作特別著錄，以示重視。

　　重視抄本之餘，明代藏書家對名家批點本的珍貴價值亦有著明確的認
識。書籍內著錄的名家批語不僅具有收藏價值，且往往包含重要的學術信息。
李廷相《濮陽蒲汀李先生家藏書目》即最早著錄了批點本，一爲《東坡詩集》
六本，劉須溪批點本；一爲《資治通鑑綱目》二十本。收藏他人批點本之外，
明代很多藏書家自身即爲學術大家，於閱覽藏書的同時亦善批註。趙用賢即
十分注重對藏書的批閱、校勘，家藏書籍中多有其手校之本。趙琦美《脈望
館藏書目》中所稱「老爺批點《前漢書》」、「老爺批點《選詩補注》」等，皆
爲趙用賢舊藏。受其父影響，趙琦美藏書亦重批校。《脈望館鈔校古今雜劇》
所含240餘種元明雜劇，皆爲趙琦美手自抄錄、校訂者，價值極高。

　　隨著雕版印刷技術的普及與官刻、私刻、坊刻等多種刻書單位的出現，
明代的書籍質量產生了明顯的差距。從重視宋板書開始，明代書目中對版本
項的著錄日漸增加。其中，弘治、正德間李廷相的《濮陽蒲汀李先生家藏書

〔註94〕 葉德輝：《書林清話》，第179頁，北京：華文出版社，2012年。

目》著錄有宋刻、元刻、抄本、巾箱本、批點本、舊板、蘇刻（王延喆）、陝西刻（秦藩）、汪家刻（汪諒）、蘇新刻、閩新刻等諸多版本類型，當是明代版本學的先驅。趙用賢《趙定宇書目》不僅收錄了大量宋元舊刻，且以版本為依據設定書目部類，這是明代書目編纂史上的一大創舉，反映出目錄學家對書籍版本的重視達到了空前的高度。其後的《晁氏寶文堂書目》、《脈望館書目》、《澹生堂藏書目錄》、《世善堂藏書目》等諸家書目，皆有對版本類型、書籍用紙、複本、同書異名等情況的著錄。明代書目中對宋板、翻宋刻、內板、都察院本、藩府本、麻沙板、巾箱本、著名家刻、抄本、改本、批點本、套印本、活字板、石刻、大字本、棉紙本等的強調，對同書不同版的著錄，對同版複本的著錄等，皆體現出版本思想在明代的發展程度。明代目錄學家的版本意識實為清代錢謙益、錢曾等人版本思想的先驅。

明代文學創作大致呈現出一種由注重詞藻的華麗轉向注重情感的真實的發展趨勢。這一特點與哲學領域由「即物窮理」向「致良知」的轉向大概一致，皆是對人性的重視與探求。在這種學術風氣的引導下，明代的文學創作逐漸趨向於張揚個性、重視本體、關懷日用，重視情感的抒發與心靈的寄託，日漸世俗化、市民化。明代文學創作世俗化這一特色，於明代書籍史中的表現大致有二。一為生活知識性書籍的普及，即日用類書的大量刊刻。一為生活消遣類書籍的創作，如戲曲、小說等俗文學在明代的大量問世。

張獻忠《從精英文化到大眾傳播——明代商業出版研究》一書中，對明代各個時期刊刻、編纂日用類書的情況做了詳細、系統的探討〔註95〕。該書經過考證指出，明代不僅多次翻刻了《事林廣記》、《錦繡萬花谷》、《居家必用事類全集》等宋、元歷代日用類書若干種，更重新編纂、刊刻了大量新輯日用類書。如正德間劉氏安正堂、嘉靖間劉氏日新堂皆刊刻了包瑜《類聚古今韻府續編》，隆慶間胡文煥刻黃汴《一統路程圖記》，萬曆間劉龍田喬山堂刊刻了徐會瀛《天下通行書柬活套》，天啓間王氏一貫齋刻王宷果《明便通書》，明末金陵世德堂刻《鼎鍥法叢勝覽》等。明代纂刻的日用類書包羅萬象，涉及綜合、商用、尺牘、通書、法律、蒙書等各個日用領域，甚為全便。這些日用類書於《世善堂藏書目錄》、《國史經籍志》、《內閣藏書目錄》、《澹生堂藏書目》、《萬卷堂書目》等明代各時期書目中皆可覓得大致蹤跡，可見流傳之廣。

〔註95〕按：參見張獻忠：《從精英文化到大眾傳播——明代商業出版研究》第五章，桂林：廣西師範大學出版社，2015年。

俗文學在明代抬頭的表現，一是戲曲、小說的大量問世，二是出現了戲曲專科書目若干種。

明代的小說創作成果斐然。不僅數量可觀，且種類豐富。既有《三國演義》、《水滸傳》、《西遊記》、《金瓶梅》等長篇巨製，又有「三言」、「二拍」、《剪燈新話》、《剪燈餘話》等短篇佳構，是中國古代小說創作的高峰時期。明代小說往往取材於現實、經過作者演義而成。這些作品不但自身具有較高的文學價值，且爲擬話本、戲曲等其他體裁的藝術創作提供了素材來源。明代諸家書目中，《寶文堂書目》最早著錄了單篇話本小說三百餘種，成爲後世研究中國古代小說史的重要線索來源〔註96〕。《古今書刻》著錄了都察院刻本《水滸傳》，是「小說史上有關這個版本的唯一記載」〔註97〕。《三國志通俗演義》一書，《古今書刻》記有都察院刻本，《酌中志·內板經書紀略》記有內府刻本，可知明代內府與政府機構皆有刻印通俗小說的事實。

明代的戲曲創作成果，除散見於各家書目的記載之外，更集中爲戲曲專科書目所收錄。明代之前，戲曲專科書目或僅有元人鍾嗣成《錄鬼簿》一種。至明代，《錄鬼簿續編》、《南詞敘錄》、《舊編南九宮目錄》、《曲品》、《遠山堂曲品劇品》等戲曲專科書目相繼問世，於收錄數量、編纂體例、理論闡述等各方面皆大大超越前代書目。戲曲專科目錄的大量問世，是明代書目編纂領域的一大成就。

（四）醫藥學

明代的醫藥學極其發達，不僅有樓英、薛己、徐春甫、汪機、陳嘉謨、高武、李時珍等數十位著名的醫藥學家，更有大量的醫書問世。據南炳文、何孝榮《明代文化研究》一書統計，「《四庫全書總目》子部『醫家類』共著錄歷代醫藥學著作 115 種、1815 卷，其中屬於明代者達 30 種、962 卷，在總數中分別占 26％強和 53％強；《四庫全書總目》子部『醫家類存目』中共收載歷代醫藥學著作 99 種、711 卷，其中屬於明代者達 47 種、340 卷，在總數中分別占47.5％弱（強）及47.8％強」〔註98〕。中國古代醫藥學著述總數中，有明一代所佔接近半數，可見其時醫藥書籍著述、刊刻之盛況。

〔註96〕 按：參見本文第二章第三節《晁氏寶文堂書目》部分。

〔註97〕 《百川書志·古今書刻·出版說明》，《百川書志·古今書刻》，第 2 頁，上海：上海古籍出版社，2006 年。

〔註98〕 南炳文、何孝榮：《明代文化研究》，第 63 頁，北京：人民出版社，2006 年。

　　明代醫書的著述與刊刻多得藩府支持。明代藩府具有重視醫籍的傳統。「不爲良相，便爲良醫」的思想傾向、較爲寬裕的經濟條件、注重養生保健的皇室傳統，乃至各府配備「良醫所」、召募天下名醫的特殊待遇等，都爲藩府撰述、刊刻醫書提供了必要的保證。明代各藩府所刻醫書，有秦藩《海上方》、《千金寶要》，趙藩《靈樞經》、《加減十三方》、《王氏脈經》、《前後衛生歌》、《談野翁試驗小方》、《皇帝內經靈樞》，寧藩《活人心法》、《十藥神書》，周藩《千金方》、《袖珍方》、《救荒本草》、《普濟方》等〔註99〕，數量較多。募集名醫撰刻醫書外，藩王自身亦多有長於醫術者。洪武間周定王橚撰《救荒本草》一書，收錄荒年可充饑之草木花果 440 餘種，將其形貌、性味、食法皆一一記載。該書問世後多爲世人翻刻，對後世影響甚廣，並成爲《本草綱目》的重要資料來源之一。

　　明代醫學於內科、外科、兒科、婦產、五官、瘟疫、針灸、本草、方劑、藥物炮製等諸多領域皆成就顯著。出現有《內科摘要》（按：《晁氏寶文堂書目》）、《正體類要》（按：《澹生堂藏書目》）、《外科正宗》（按：《晁氏寶文堂書目》）、《女科撮要》（按：《澹生堂藏書目》）、《本草蒙荃》（按：《澹生堂藏書目》）等諸多的醫藥學名著。時人撰述的醫藥書著作之外，明代亦刊行了大量的前代醫藥著作。

　　明代醫書的撰刻盛況，普遍反映在諸家書目的著錄之中。如《趙定宇書目》收錄有醫書近百種；《脈望館書目》收錄 15 類 256 種；《百川書志》醫家71 種；《世善堂藏書目》收錄 9 類 87 種；《澹生堂藏書目》收錄 9 類 192 種；《續文獻通考‧經籍考》醫家類 32 種；《國史經籍志》醫家下設本草、種採炮炙、方書、單方、彝方、寒食散、傷寒、腳氣、雜病、瘡腫、眼藥、口齒、婦人、小兒、嶺南方 15 類，著錄歷代醫藥書籍 578 種等。其中既有前代的醫藥學經典，亦有明人新撰的各科著作，可見明代社會整體上對醫藥學是甚爲重視的。

　　明代醫藥學之繁盛在書目編纂中的另一體現，便是出現了醫學專科書目二種。正德間李濂有《嵩渚醫書目》，見載於朱睦㮮《萬卷堂書目》、黃虞稷《千頃堂書目》、《明史》，皆稱四卷。《李嵩渚醫書目》或爲中國最早的醫學專科書目，惜後失傳。李濂另有《醫史》十卷，影響較大，又有《李嵩渚集》

────────────

〔註99〕按：參見陳清慧：《明代藩府刻書研究》第三章，北京：國家圖書館出版社，
　　　　2013 年。

傳世。萬曆間殷仲春的《醫藏書目》是現存最早的醫學專科書目。該目收錄了大量的明及前代醫藥書籍，其中多有亡佚不存之書，對考訂中國古代醫學成就、探究醫籍刊刻流傳都具有重要的史料價值。

醫藥著述大量問世的盛況，體現了明代醫藥學的輝煌成就。而各家醫學著述在著錄內容、編纂體例等方面的成就，則具有重要的史料價值、學術價值。

以《本草綱目》為例。李時珍勉力博採，於《本草綱目》卷首列《歷代諸家本草》，著錄自《神農本草經》、《名醫別錄》至《救荒本草》、《本草綱目》等歷代醫藥學著述42種。李時珍或輯錄他人序跋、論述，或自為解讀，對各書的作者、成書年代、內容結構、價值意義等一一予以論述，詳作解題。《歷代諸家本草》堪稱一份專業、系統的解題性醫學書目，也是一部較為系統、全面的上古至明代的醫藥學著述總目。該目對歷代本草著述收錄完備、解題詳覈，實為中國古代學術史之創舉。

《歷代諸家本草》之後，有《引據古今醫家書目》。該目詳列唐、宋諸《本草》所引醫書84家，始自《素問》、《華佗方》，迄於賈誠《牛經》、《馬經》。又列《本草綱目》所引276家，始自《靈樞經》、《玄密》，終於明人《眼科針鉤方》、《咽喉口齒方》。《引據古今醫家書目》之後，又有《引據古今經史百家書目》。內載舊本所引151種，李時珍所引440種。自五經、諸子、正史，至雜記、地志、傳奇、圖譜、詩文集等，網羅四部，體量十分龐大。此二種引用書目但記各書書名，間或著錄書籍的卷數、作者、同書異名等相關信息，保存了一定的學術線索。其後，又有《採集諸家本草藥品總數》，羅列了《本草綱目》對《神農本草經》至《本草蒙筌》的28家本草著述的采輯、引用情況。

《本草綱目》卷首的《歷代諸家本草》與引用書目三種是《本草綱目》的重要材料來源，體現出李時珍廣博的專業學識與嚴謹的學術態度。《本草綱目》卷首的這些記載，基本反映了中國古代醫藥學著述的成就，成為後世考究醫學史、書籍史的重要史料來源。

參考文獻

古　籍

1. （後晉）劉昫，《舊唐書》，北京：中華書局，1985 年。

2.（梁）蕭統編；（唐）李善注，《昭明文選》，長春：吉林人民出版社，1998.10。

3.（唐）李延壽，《南史》，北京：中華書局，2011.07。

4.（唐）張彥遠，《歷代名畫記》，北京：京華出版社，2000.05。

5.（北宋）米芾，《寶晉山林集拾遺》，宋嘉泰元年筠陽郡齋刻本。

6.（北宋）歐陽修，《新唐書》，烏魯木齊：新疆青少年出版社，1999.06。

7.（北宋）（釋）贊寧，《筍譜》，《百川學海》本。

8.（南宋）陳振孫，《直齋書錄解題》，上海：上海古籍出版社，1987 年。

9.（南宋）吳曾，《能改齋漫錄》，上海：上海古籍出版社，1979.11。

10.（南宋）尤袤，《遂初堂書目》，北京：中華書局，1985 年。

11.（南宋）鄭樵，《通志二十略》，北京：中華書局，1995 年。

12.（元）馬端臨，《文獻通考》，北京：中華書局，1986 年。

13.（元）脫脫等，《宋史》，長春：吉林人民出版社，2005.07。

14.（明）鮑應鼇，《明臣謚考》，清文淵閣《四庫全書》本。

15.（明）畢恭等，（嘉靖）《遼東志》，瀋陽：遼瀋書社，1934 年。

16.（明）李東陽等撰；（明）申時行等重修，《大明會典》，揚州：廣陵書社，2007 年。

17.（明）晁瑮，《晁氏寶文堂書目》，上海：上海古籍出版社，2005.11。

18.（明）陳第，《世善堂藏書目錄》，上海：商務印書館.1937.12。

19.（明）陳繼儒，《太平清話》，上海：商務印書館，1936.06。

20.（明）陳讓，（成化）《杭州府志》，明成化刊本。

21.（明）陳威修；顧清纂，《松江府志》，.正德七年刻本。

22.（明）馮繼科，（嘉靖）《建陽縣志・圖書》，天一閣藏明嘉靖刻本。

23.（明）高儒、周弘祖，《百川書志・古今書刻》，上海：上海古籍出版社，2005.11。

24.（明）葛寅亮，《金陵梵剎志》，天津：天津人民出版社，2007.08。

25.（明）顧清等，《松江府志》，臺北：成文出版社，1983 年。

26.（清）郭柏蒼著；郭白陽輯撰，《竹間十日語》，福州：海風出版社，2001.04。

27.（明）過庭訓，《本朝分省人物考》，上海：上海古籍出版社，2002 年。

28.（明）歸有光，《震川先生集》，上海：上海古籍出版社，2007.08。

29.（明）《皇明寶訓》，北京：全國圖書館文獻微縮複製中心，2010 年。

30.（明）胡儼，《胡祭酒集》，北京：書目文獻出版社，1998 年。

31.（明）胡應麟等撰；王嵐、陳曉蘭點校，《經籍會通（外四種）》.北京：北京燕山出版社，1999.08。

32.（明）胡應麟，《少室山房筆叢》，上海：上海書店出版社，2001.08。

33.（明）胡應麟，《四部正訛》，民國九年番禺徐紹棨彙編重印清光緒間廣雅書局刻本。

34.（明）胡宗憲，（嘉靖）《浙江通志》，明嘉靖四十年刊本。

35.（明）黃景昉，《館閣舊事》，清抄本。

36.（明）黃佐，《翰林記》，清文淵閣《四庫全書》本。

37.（明）焦竑，《國史經籍志》，咸豐元年刻本。

38.（明）雷禮，《國朝列卿紀》，臺北：明文書局，1991 年。

39.（明）李開先，《李中麓閒居集》，明刻本。

40.（明）李夢陽等編；白鹿洞書院古志整理委員會整理，《白鹿洞書院古志五種》，北京：中華書局，1995.11。

41.（明）李培、黃洪憲，《萬曆秀水縣志》，上海：上海書店出版社，1993.06。

42.（明）李贄，《續藏書》，明萬曆三十九年王惟儼刻本。

43.（明）廖道南，《殿閣詞林記》，清文淵閣《四庫全書》本。

44.（明）呂天成，《遠山堂曲品劇品》，遠山堂藍絲格本。

45.（明）毛憲，《古庵毛先生文集》，明嘉靖四十一年毛欣刻本。

46.（明）蕅益大師著；於德隆、徐尚定點校，《蕅益大師文集》，北京：九州出版社，2013.08。

47.（明）彭時，《彭文憲公筆記》，北京：中華書局，1985 年。

48. （明）祁承㸁，《澹生堂集》，北京：國家圖書館出版社，2012 年。

49. （明）邱濬，《大學衍義補》，清文淵閣《四庫全書》本。

50. （明）邱濬，《重編瓊臺稿》，清文淵閣《四庫全書》本。

51. （明）申時行等，《明實錄》，北京大學圖書館藏原北平國立圖書館藏紅格鈔本。

52. （明）沈德符，《萬曆野獲編》，北京：中華書局，1959.02。

53. （明）盛儀，（嘉靖）《惟揚志》，明嘉靖刻本。

54. （明）談遷著；張宗祥點校，《國榷》，北京：中華書局，1958.12。

55. （明）王鏊，《王鏊集》，上海：上海古籍出版社，2013.09。

56. （明）王圻，《續文獻通考》，清文淵閣《四庫全書》本。

57. （明）王慎中，《遵岩集》，清文淵閣《四庫全書》本。

58. （明）王世貞，《明詩評》，北京：中華書局，1985 年。

59. （明）王世貞，《弇州山人四部稿》，世經堂本。

60. （明）王世貞，《弇州四部稿續稿》，清文淵閣《四庫全書》本。

61. （明）王守仁撰；吳光、錢明、董平編校，《王陽明全集》，上海：上海古籍出版社，2015.06。

62. （明）文秉，《烈皇小識》，上海：上海書店.1982.10。

63. （明）謝鐸，（嘉靖）《赤城新志》，明嘉靖四十四年刻本。

64. （明）秦鎰，（嘉靖）《東鄉縣志》，明嘉靖三年刻本。

65. （明）謝肇淛，《五雜俎》，北京：中華書局，1959 年。

66. （明）徐㶿，《筆精》，清文淵閣《四庫全書》本。

67. （明）徐㶿等撰；馬泰來整理；吳格審定，《新輯紅雨樓題記・徐氏家藏書目》，上海，上海古籍出版社，2014.12。

68. （明）徐㶿，《徐氏紅雨樓書目》，上海：上海古籍出版社，2005.11。

69. （明）徐熥，《幔亭集》，清文淵閣《四庫全書》本。

70. （明）徐學聚，《國朝典匯》，臺北：臺灣學生書局，1965 年。

71. （明）徐學謨，《世廟識餘錄》，北京：中國書店，1991 年。

72. （明）姚福，《清溪暇筆》，北京：中華書局，1991 年。

73. （明）俞弁，《山樵暇語》，濟南：齊魯書社，1995.09。

74. （明）余繼登，《典故紀聞》，北京：中華書局，1981 年。

75. （明）袁鉒，（景泰）《建陽縣志續集》，明萬曆十七年刻本。

76. （明）查繼佐，《罪惟錄》，杭州：浙江古籍出版社，1986.05。

77. （明）張萱，《疑耀》，北京：中華書局，1985 年。

78.（明）鄭棠，《道山集》，濟南：齊魯書社，1997.07。

79.（明）周敍，《石溪周先生文集》，濟南：齊魯書社，1995 年。

80.（明）朱謀瑋，《藩獻記》，杭州抱經堂書局本。

81.（明）朱勤美，《王國典禮》，北京：書目文獻出版社，1998 年。

82.（清）陳夢雷，《古今圖書集成》，北京：中華書局，成都：巴蜀書社，1988 年。

83.（清）陳田，《明詩紀事》，清陳氏聽詩齋刻本。

84.（清）褚人獲，《堅瓠集》，杭州：浙江人民出版社，1986 年。

85.（清）（道光）《廣州通志》，清道光二年刻本。

86.（清）丁丙，《善本書室藏書志》，光緒辛丑錢塘丁氏刻本.揚州：廣陵古籍刻印社，1986.09。

87.（清）丁立中，《八千卷樓書目》，民國本。

88.（清）丁日昌，《持靜齋書目》，光緒江氏師鄖室刻本。

89.（清）谷應泰，《明史紀事本末》，北京：中華書局，1977 年。

90.（清）顧九錫，《經濟類考約編》，清康熙刻本。

91.（清）顧炎武著；周蘇平、陳國慶點注，《日知錄》，蘭州：甘肅民族出版社，1997.11。

92.（清）《皇朝通志》，鴻寶齋書局，1902 年。

93.（清）黃丕烈著；屠友祥校注，《蕘圃藏書題識》，上海：上海遠東出版社，1999.10。

94.（清）黃虞稷撰；瞿鳳起、潘景鄭整理，《千頃堂書目》，上海：上海古籍出版社，2001.07。

95.（清）黃宗羲著；陳乃乾編，《黃梨洲文集》，北京：中華書局，1959.01。

96.（清）黃宗羲著；沈芝盈點校，《明儒學案》，北京：中華書局，2008.01。

97.（清）江標，《黃蕘圃先生年譜》，清光緒長沙使院刻本。

98.（清）姜紹書，《韻石齋筆談》，北京：中華書局，1985 年。

99.（清）龍文彬，《明會要》，北京：中華書局，1956.10。

100.（清）陸隴其，《三魚堂日記》，清同治九年浙江書局刊本。

101.（清）陸以湉著；朱偉常考注，《冷廬醫話考注》，上海：上海中醫學院出版社，1993.06。

102.（清）繆荃孫，《藝風堂文集》，清光緒二十六年刻本。

103.（清）劉錦藻，《清續文獻通考》，民國景十通本。

104.（清）乾隆敕撰，《詞林典故》，清文淵閣《四庫全書》本。

105. （清）（乾隆）《懷慶府志》，乾隆五十四年刻本。

106. （清）（乾隆）《江南通志》，清文淵閣《四庫全書》本。

107. （清）（乾隆）《蘇州府志》，清乾隆十三年刻本。

108. （清）錢大昕著；陳文和、孫顯軍校點，《十駕齋養新錄》，南京：江蘇古籍出版社，2000.05。

109. （清）錢謙益，《錢牧齋全集》，上海：上海古籍出版社，2003.08。

110. （清）錢謙益著；（清）錢曾箋注；錢仲聯標校，《牧齋有學集》，上海：上海古籍出版社，1996 年。

111. （清）錢謙益，《列朝詩集小傳》，上海：上海古籍出版社，1983 年。

112. （清）錢謙益撰；陳景雲注，《絳雲樓書目》，上海：商務印書館，1935.12。

113. （清）錢曾，《讀書敏求記》，吳興趙氏松雪齋刊本。

114. （清）錢曾，《錢遵王述古堂藏書目錄》，清錢氏述古堂抄本。

115. （清）錢曾著；瞿鳳起編，《虞山錢遵王藏書目錄彙編》，上海：古典文學出版社，1958.03。

116. （清）全祖望，《鮚埼亭集外編》，清嘉慶十六年刻本。

117. （清）全祖望，《全祖望集匯校集注》，上海：上海古籍出版社，2000 年。

118. （清）瞿鏞，《鐵琴銅劍樓藏書目錄》，清光緒常熟瞿氏家屬本。

119. （清）阮葵生，《茶餘客話》，北京：中華書局，1959 年。

120. （清）阮元，《文選樓藏書記》，越縵堂抄本。

121. （清）邵懿辰撰；邵章續錄，《增訂四庫簡明目錄標注》，上海：上海古籍出版社，1959.12。

122. （清）沈復粲撰；潘景鄭校訂，《鳴野山房書目》，上海：古典文學出版社，1985.01。

123. （清）沈叔埏，《頤采堂文集》，上海：上海古籍出版社。

124. （清）孫承澤，《春明夢餘錄》，北京：北京古籍出版社，1992.12。

125. （清）孫從添，《上善堂宋元板精鈔舊鈔書目》，陳乃乾抄本，1922 年。

126. （清）汪璐，《藏書題識・華延年室題跋・雁影齋題跋》，上海：上海古籍出版社，2009.04。

127. （清）汪琬，《堯峰文鈔》，清康熙三十二年林佶刊本。

128. （清）汪遠孫，《振綺堂書目》，民國十六年上虞羅氏鉛印本。

129. （清）王士禛撰；趙伯陶點校，《古夫于亭雜錄》，北京：中華書局，1988.10。

130. （清）王鳴盛，《蛾術編》，上海：上海書店出版社，2012.12。

131. （清）王鳴盛撰；黃曙輝點校，《十七史商榷》，上海：上海古籍出版社，2013.08。

132. （清）王士禛，《居易錄》，清文淵閣《四庫全書》本。

133. （清）王士禛撰；湛之點校，《香祖筆記》，上海：上海古籍出版社，1982.12。

134. （清）王聞遠，《孝慈堂書目》，長沙：中國古書刊印社，1935年。

135. （清）魏大名修；章朝栻纂，（嘉慶）《崇安縣志》，民國間油印本。

136. （清）翁方綱撰；吳格整理，《翁方綱纂四庫提要稿》，上海：上海科學技術文獻出版社，2005.10。

137. （清）夏燮，《明通鑒》，長沙：嶽麓書社，1999.08。

138. （清）徐兆瑋著；李向東、包岐峰、蘇醒標點，《徐兆瑋日記》，合肥：黃山書社，2013.09。

139. （清）嚴可均，《全上古三秦漢三國六朝文》，石家莊：河北教育出版社，1997.10。

140. （清）姚振宗，《漢書藝文志拾補》，上海：開明書店，1936年。

141. （清）姚振宗，《隋書經籍志考證》，北京：中華書局，1955年。

142. （清）葉昌熾，《藏書紀事詩》，北京：北京燕山出版社，2008.05。

143. （清）永瑢，《四庫全書總目》，.北京：中華書局，2003.08。

144. （清）于敏中，《日下舊聞考》，北京：北京古籍出版社，1988年。

145. （清）俞樾，《春在堂雜文》，清光緒二十五年刻。

146. （清）張鈞衡，《適園藏書志》，民國五年南林張氏刻本。

147. （清）張廷玉，《明史》，北京：中華書局，1974.04。

148. （清）章學誠，《和州志》，上海：商務印書館，1936年。

149. （清）章學誠，《文史通義》，北京：中華書局，1985.05。

150. （清）章學誠，《校讎通義》，上海：中華書局，1936年。

151. （清）章學誠著；葉瑛校注，《文史通義校注》，北京：中華書局，1985.05。

152. （清）趙定邦等修；（清）丁寶書等編定，（同治）《長興縣志》，臺灣：成文出版社有限公司。

153. （清）趙宗建，《舊山樓書目》，上海：上海古典文學出版社，1957.12。

154. （清）周家楣、繆荃孫等，（光緒）《順天府志》，北京：北京古籍出版社，1987.12。

155. （清）周亮工，《周亮工全集》，南京：鳳凰出版社，2008.12。

156. （清）周中孚，《鄭堂讀書記》，北京：中華書局，1993.01。

157. （清）朱彝尊，《經義考》，清文淵閣《四庫全書》本。

158. （清）朱彝尊，《曝書亭集》，《四部叢刊》影清康熙本。

159. （清）朱彝尊，《靜志居詩話》，清嘉慶扶荔山房刻本。

160. （清）朱彝尊著；葉元章、鍾夏選注，《朱彝尊選集》，上海：上海古籍出版社，1991.11。

近現代專著

1. 白新良，《中國古代書院發展史》〔M〕，天津：天津大學出版社，1995.05。

2. 白壽彝總主編；陳得芝主編，《中國通史》〔M〕，上海：上海人民出版社，2015.06。

3. 北京圖書館編，《西諦書目》〔M〕，北京：北京圖書館出版社，2004.10。

4. 倉修良，《方志學通論》〔M〕，北京：方志出版社，2003.10。

5. 昌彼得，《中國目錄學資料選輯》〔M〕，臺北：文史哲出版社，1990.11。

6. 曹剛等修；邱景雍等纂，（民國）《連江縣志》〔M〕，上海：上海書店出版社，2012 年。

7. 曹虹編，《清代文學研究集刊》〔M〕，北京：人民文學出版社，2012.09。

8. 曹金髮，《輯錄體目錄史論》〔M〕，合肥：黃山書社，2012.04。

9. 曹之，《中國古籍編撰史》〔M〕，武漢：武漢大學出版社，2006.07。

10. 陳彬龢、查猛濟編著；王雲五主編，《中國書史》〔M〕，北京：商務印書館，1931 年。

11. 陳登原，《古今典籍聚散考》〔M〕，上海：上海書店，1983.11。

12. 陳光熙編，《明清之際溫州史料集》〔M〕，上海：上海社會科學院出版社，2005.01。

13. 陳國符，《道藏源流考》〔M〕，北京：中華書局，1963.12。

14. 陳建華，《元雜劇批評史論》〔M〕，濟南：齊魯書社，2009.01。

15. 陳平原，《中國散文小說史》〔M〕，上海：上海人民出版社，2014.05。

16. 陳清慧，《明代藩府刻書研究》〔M〕，北京：國家圖書館出版社，2013.07。

17. 陳文新主編，《中國文學編年史》〔M〕，長沙：湖南人民出版社，2006.09。

18. 陳士強，《中國佛教百科全書》〔M〕，上海：上海古籍出版社，2000.12。

19. 陳世鎔，《福州西湖宛在堂詩龕徵錄》〔M〕，福州：福建人民出版社，2007.05。

20. 陳戊國點校，《周禮‧儀禮‧禮記》〔M〕，長沙：嶽麓書社，2006.11。

21. 程千帆、徐有富，《程千帆全集》〔M〕，石家莊：河北教育出版社，2000.12。

22. 鄧洪波，《中國書院史（增訂版）》〔M〕，武漢：武漢大學出版社，2012.11。

23. 鄧嗣禹，《燕京大學圖書館目錄初稿·類書部》〔M〕，北京：燕京大學圖書館，1935.04。

24. 鄧嗣禹，《中國類書目錄初稿》〔M〕，臺北：古亭書屋，1960 年。

25. 鄧子勉，《宋金元詞籍文獻研究》〔M〕，上海：上海古籍出版社，2008.12。

26. 杜信孚，《同書異名通檢》〔M〕，南京：江蘇人民出版社，1982.07。

27. 杜澤遜，《四庫存目標注》〔M〕，上海：上海古籍出版社，2007.01。

28. 杜澤遜，《微湖山堂叢稿》〔M〕，上海：上海古籍出版社，2014.12。

29. 杜澤遜，《文獻學概要（增訂版）》〔M〕，北京：中華書局，2008.01。

30. 范鳳書，《中國著名藏書家與藏書樓》〔M〕，鄭州：大象出版社，2013.03。

31. 范鳳書，《私家藏書風景》〔M〕，石家莊：河北教育出版社，2007.06。

32. 傅璇琮、謝灼華主編，《中國藏書通史》〔M〕，寧波：寧波出版社，2001.02。

33. 傅增湘，《藏園群書題記》〔M〕，上海：上海古籍出版社，1989.06。

34. 顧盡丞，《文體論 ABC》〔M〕，上海：ABC 叢書社，1929 年。

35. 郭銀星編選，《唐宋明清文集》〔M〕，天津：天津古籍出版社。

36. 韓仲民，《中國書籍編纂史稿》〔M〕，北京：商務印書館，2013.06。

37. 胡道靜，《中國古代的類書》〔M〕，北京：中華書局，2005 年。

38. 胡玉縉撰；吳格整理，《續四庫提要三種》〔M〕，上海：上海書店出版社，2002.08。

39. 黃裳，《來燕榭書跋》〔M〕，北京：中華書局，2011.06。

40. 黃葦主編，《中國地方志詞典》〔M〕，合肥：黃山書社，1986.11。

41. 黃永年，《學苑與書林》〔M〕，上海：上海書店出版社，2006.01。

42. 黃鎮偉編著，《中國編輯出版史》〔M〕，蘇州：蘇州大學出版社，2014.01。

43. 吉林省圖書館學會，《閩志談概》〔M〕，吉林：吉林省地方志編纂委員會，吉林省圖書館學會，1987.10。

44. 江西省省志編輯室，《江西省地方志綜合目錄》〔M〕。

45. （日）井上進，《中國出版文化史》〔M〕，武漢：華中師範大學出版社，2015.02。

46. 來新夏，《古典目錄學》〔M〕，北京：中華書局，1991.08。

47. 來新夏，《古典目錄學淺說》〔M〕，北京：中華書局，2003.10。

48. 來新夏，《來新夏書話》〔M〕，臺北：臺灣學生書局，2000 年。

49. 來新夏、柯平，《目錄學讀本》〔M〕，上海：上海交通大學出版社，2014.02。

50. 李春光，《古籍叢書述論》〔M〕，遼瀋書社，1991.10。

51. 李福標，《皮陸研究》〔M〕，長沙：嶽麓書社，2007.07。

52. 李富華、何梅，《漢文佛教大藏經研究》〔M〕，北京：宗教文化出版社，2003.12。

53. 李明山主編，《中國古代版權史》〔M〕，北京：社會科學文獻出版社，2012.11。

54. 李萬康，《編號與價格——項元汴舊藏書畫二釋》〔M〕，南京：南京大學出版社，2012.10。

55. 李玉安、陳傳藝，《中國藏書家辭典》〔M〕，武漢：湖北教育出版社，1989·09。

56. 李玉安、黃正雨，《中國藏書家通典》〔M〕，香港：中國國際文化出版社，2005.12。

57. 李雲泉，《朝貢制度史論——中國古代對外關係體制研究》〔M〕，北京：新華出版社，2004.09。

58. 李志敏主編，《唐宋八大家名篇鑒賞》〔M〕，福州：福建美術出版社，2013.01。

59. 李致忠，《歷代刻書考述》〔M〕，四川：巴蜀書社，1990.04。

60. 李致忠，《三目類序釋評》〔M〕，北京：北京圖書館出版社，2002 年。

61. 林平、張紀亮編纂，《明代方志考》〔M〕，成都：四川大學出版社，2001.01。

62. 林正秋主編，《浙江方誌概論》〔M〕，吉林：吉林省地方志編纂委員會，吉林省圖書館學會，1985.03。

63. 孟森，《明史講義》〔M〕，北京：中華書局，2009.05。

64. 繆荃孫，《藝風藏書記》〔M〕，《中國歷代書目題跋叢書》，上海：上海古籍出版社，2007.06。

65. 劉立志，《先秦歌謠集》〔M〕，南京：南京師範大學出版社，2014.09。

66. 劉葉秋，《類書簡說》〔M〕，上海：上海古籍出版社，1980.02。

67. 劉永之、耿瑞玲，《河南地方志提要》〔M〕，開封：河南大學出版社，1990.12。

68. 劉子欽，《分類之理論與實際》〔M〕，武昌李榮真印書館，1934.12。

69. 柳燕，《四庫全書總目集部研究》〔M〕，武漢：湖北人民出版社，2013.04。

70. 駱兆平，《天一閣叢談》〔M〕，北京：中華書局，1993.03。

71. 駱兆平，《天一閣藏書史志》〔M〕，上海：上海古籍出版社，2005.03。

72. 駱兆平，《天一閣藏明代地方志考錄》〔M〕，寧波：寧波出版社，2012.12。

73. 呂紹虞，《中國目錄學史稿》〔M〕，《武漢大學百年名典》，武漢：武漢大學出版社，2012.09。

74. 馬鏞等點校，《明代筆記小說大觀》〔M〕，上海：上海古籍出版社，2005.04。

75. 南炳文、何孝榮,《明代文化研究》〔M〕,北京：人民出版社,2005 年。

76. 南炳文、湯綱,《明史》〔M〕,上海：上海人民出版社,2003.04。

77. 轟付生,《晚明文人的文化傳播研究》〔M〕,成都：電子科技大學出版社, 2014.01。

78.（日）青木正兒,《中國近世戲曲史》〔M〕,上海：上海文藝聯合出版社, 1954.09。

79. 卿希泰,《中國道教史》〔M〕,成都：四川人民出版社,1995.12。

80. 喬好勤,《中國目錄學史》〔M〕,武漢：武漢大學出版社,1992.06。

81. 瞿冕良,《版刻質疑》〔M〕,濟南：齊魯書社,1987.03。

82. 瞿冕良,《中國古籍版刻辭典》〔M〕,蘇州：蘇州大學出版社,2009.02。

83. 汕頭大學中文系編,《韓愈研究資料彙編》〔M〕,汕頭大學中文系,1986.10。

84. 申暢等,《中國目錄學家辭典》〔M〕,鄭州：河南人民出版社,1988.12。

85. 申暢,《中國目錄學家傳略》〔M〕,鄭州：中州古籍出版社,1987.07。

86. 石昌渝主編,《中國古代小說總目》〔M〕,太原：山西教育出版社,2004.09。

87. 石建初,《中國古代序跋史論》〔M〕,長沙：湖南人民出版社,2008.10。

88.《四庫全書存目叢書》編纂委員會編,《四庫全書存目叢書》〔M〕,濟南：齊魯書社,1997.03。

89. 孫崇濤,《戲曲文獻學》〔M〕,太原：山西教育出版社,2008.02。

90.（臺灣）國立中央圖書館,《明人傳記資料索引》〔M〕,臺北：國立中央圖書館,1965.01。

91. 田同旭,《元雜劇通論》〔M〕,太原：山西教育出版社,2007.08。

92. 王燦熾,《燕都古籍考》〔M〕,北京：京華出版社,1995.08。

93. 王重民,《中國目錄學史論叢》〔M〕,北京：中華書局,1984.12。

94. 王重民,《校讎通義通解》〔M〕,上海：上海古籍出版社,1987.09。

95. 王重民,《中國善本書提要》〔M〕,上海：上海古籍出版社,1983.08。

96. 王國強,《明代目錄學研究》〔M〕,鄭州：中州古籍出版社,2000.06。

97. 王國強,《中國古籍序跋史》〔M〕,武漢：武漢大學出版社,2015.03。

98. 王金玉,《宋代檔案管理研究》〔M〕,北京：中國檔案出版社,1997.07。

99. 王天有,《明代國家機構研究》〔M〕,北京：北京大學出版社,1992.09。

100. 王欣夫,《文獻學講義》〔M〕,上海：上海古籍出版社,2005.04。

101. 王兆鵬,《宋代文學傳播探原》〔M〕,武漢：武漢大學出版社,2013.06。

102.（日）尾崎康著；陳捷譯,《以正史為中心的宋元版本研究》〔M〕,北京：北京大學出版社,1993.07。

103. 魏丕植，《解讀詩詞大家》〔M〕，北京：作家出版社，2013.04。

104. 魏隱儒，《中國古籍印刷史》〔M〕，北京：印刷工業出版社，1988.05。

105. 吳宣德、宗韻，《明人譜牒序跋輯略》〔M〕，上海：上海古籍出版社，2013.06。

106. 吳楓，《簡明中國古籍辭典》〔M〕，長春：吉林文史出版社，1987.05。

107. 武新立，《明清稀見史籍敘錄》〔M〕，南京：金陵書畫社，1983.12。

108. 夏徵農、陳至立主編，《大辭海》〔M〕，上海：上海辭書出版社，2012.12。

109. 瀟相愷，《中國古代小說考論編》〔M〕，南京：鳳凰出版社，2010.12。

110. 謝國楨，《明代社會經濟史料選編》〔M〕，福州：福建人民出版社，2004.05。

111.《新中國出土墓誌》〔M〕，北京：文物出版社，2003.12。

112. 徐復觀，《中國藝術精神‧石濤之一研究》〔M〕，北京：九州出版社，2014.03。

113. 徐子方，《明雜劇史》〔M〕，北京：中華書局，2003.08。

114. 楊鍾義，《雪橋詩話》〔M〕，北京：北京古籍出版社，1989.12。

115. 姚名達，《中國目錄學史》〔M〕，上海：上海古籍出版社，2002.06。

116. 耀縣志編纂委員會編，《耀縣志》〔M〕，北京：中國社會出版社，1997.07。

117. 葉德輝，《書目答問斠補》〔M〕，蘇州：江蘇省立蘇州圖書，1932 年。

118. 葉德輝，《書林清話》〔M〕，上海：上海古籍出版社，2008.02。

119. 游國恩等主編，《中國文學史》〔M〕，北京：人民文學出版社，2004.03。

120. 袁芳榮，《古書犀燭記續編》〔M〕，杭州：浙江大學出版社，2013.07。

121. 袁慶述，《版本目錄學研究》〔M〕，長沙：湖南師範大學出版社，2003.07。

122. 袁同禮，《袁同禮文集》〔M〕，北京：北京圖書館出版社，2010.06。

123. 曾貽芬、崔文印，《中國歷史文獻學史述要（增訂本）》〔M〕，北京：商務印書館，2010.03。

124. 曾棗莊，《中國古代文體學》〔M〕，上海：上海人民出版社；上海：上海書店出版社，2012.12。

125. 張德信，《明朝典章制度》〔M〕，長春：吉林文史出版社，2001.03。

126. 張滌華，《類書流別》〔M〕，北京：商務印書館，1985.09。

127. 張麗娟，《宋代經書注疏刊刻研究》〔M〕，北京：北京大學出版社，2013.07。

128. 張昇，《明清宮廷藏書研究》〔M〕，北京：商務印書館，2006.12。

129. 張瑋，《祁承㸁藏書及文獻學思想研究》〔M〕，北京：國家圖書館出版社，2016.11。

130. 張曉麗，《明清醫學專科目錄研究》〔M〕，合肥：黃山書社，2011.12。

131. 張獻忠，《從精英文化到大眾傳播——明代商業出版研究》〔M〕，桂林：廣西師範大學出版社，2015.05。

132. 張秀民，《中國印刷史》〔M〕，上海：上海人民出版社，1989.09。

133. 張秀民著；韓琦增訂，《中國印刷史》〔M〕，杭州：浙江古籍出版社，2006.10。

134. 張新科、高益榮、高一農，《史記研究資料萃編》〔M〕，西安：三秦出版社；陝西出版集團，2011.08。

135. 張玉春，《〈史記〉版本研究》〔M〕，北京：商務印書館，2001.07。

136. 張煜明，《中國出版史》〔M〕，武漢：武漢出版社，1994.05。

137. 趙傳仁、鮑延毅、葛增福，《中國書名釋義大辭典》〔M〕，濟南：山東友誼出版社，2007.07。

138. 趙所生、薛正興，《中國歷代書院志》〔M〕，南京：江蘇教育出版社，1995.09。

139. 鄭克強，《贛文化通典》〔M〕，南昌：江西人民出版社，2013.01。

140. 鄭偉章、李萬建，《中國著名藏書家傳略》〔M〕，北京：書目文獻出版社，1986.09。

141. 鄭振鐸，《劫中得書記》〔M〕，桂林：廣西師範大學出版社，2010.09。

142. 鄭振鐸，《西諦書話》〔M〕，北京：生活·讀書·新知三聯書店，2005.01。

143. 《中國著名藏書家書目彙刊》〔M〕，北京：商務印書館，2005 年。

144. 中華書局編輯部，《宋元明清書目題跋叢刊》〔M〕，北京：中華書局，2006.06。

145. 仲偉行等編著，《鐵琴銅劍樓研究文獻集》〔M〕，上海：上海古籍出版社，1997.07。

146. 周道振校輯，《文徵明年譜》〔M〕，上海：百家出版社，1998 年。

147. 周谷城主編；陳正宏、章培恆卷主編，《中國學術名著提要》〔M〕，上海：復旦大學出版社，1999.09。

148. （美）周紹明著；何朝暉譯，《書籍的社會史》〔M〕，北京：北京大學出版社，2009.11。

149. 周清泉，《文字考古》〔M〕，成都：四川人民出版社，2003.04。

150. 周少川，《文獻傳承與史學研究》〔M〕，北京：北京師範大學出版社，2011 年。

151. 朱漢民、鄧洪波、高峰煜，《長江流域的書院》〔M〕，武漢：湖北教育出版社，2004.10。

152. 朱偰，《明清兩代宮苑建置沿革圖考》〔M〕，北京：北京古籍出版社，1990.03。

論 文

1. 曹金髮，朱睦㮮與《經序錄》〔J〕，安徽文獻研究集刊，2011 年第 1 期。

2. 曹麗芳，陸龜蒙詩文集版本源流及補遺考述〔J〕，古籍整理研究學刊，2015 年第 4 期。

3. 曹麗娟，《醫藏書目》的佛教色彩〔J〕，中醫文獻雜誌，1995 年第 3 期。

4. 曹麗娟，《醫藏書目》目錄學研究〔J〕，中醫文獻雜誌，1998 年第 2 期。

5. 曹之，毛晉藏書考略〔J〕，山東圖書館季刊，2002 年第 1 期。

6. 曹之，明代藩王室名考〔J〕，圖書情報論壇，2002 年第 1 期。

7. 陳浩波，蔣孝的生平及其著作〔J〕，曲學，2014 年第 0 期。

8. 陳龍梅、張穎，明清目錄書中醫籍著錄初探〔J〕，中醫文獻雜誌，2015 年第 3 期。

9. 陳隆予，論朱睦㮮對圖書文化事業的貢獻〔J〕，河南圖書館學刊，2014 年第 8 期。

10. 陳清慧，《古今書刻》版本考〔J〕，文獻，2007 年第 4 期。

11. 陳清慧，明代藩府刻書輯考〔J〕，中國典籍與文化，2010 年第 2 期。

12. 陳慶元，徐𤊹著述編年考證〔J〕，文獻，2007.10。

13. 程利英，明代兵制的嬗變與財政支出關係述論〔J〕，軍事經濟研究，2006.06。

14. 崔文印，《古今書刻》淺說〔J〕，中國典籍與文化，2007 年第 1 期。

15. 崔文印，明代叢書的繁榮〔J〕，史學史研究，1996 年第 3 期。

16. 崔文印，《永樂大典》概說〔J〕，史學史研究，1995.03。

17. 丁玲，中國古代文章分類依據辨析〔J〕，五邑大學學報（社會科學版），2016 年第 4 期。

18. 丁偉國，《醫藏書目》的目錄學價值〔J〕，中華醫學圖書情報雜誌，2014 年第 1 期。

19. 丁延峰，毛晉刻書題跋輯考〔J〕，古籍研究，2009 年第 C1 期。

20. 杜澤遜，「秦火未亡，亡於監刻」辨：對顧炎武批評北監本《十三經注疏》的兩點意見〔J〕，文獻，2013 年第 1 期。

21. 杜澤遜，張元濟與《寶禮堂宋本書錄》〔J〕，出版大家張元濟·張元濟研究論文集〔C〕，上海：學林出版社，2006.01。

22. 段建宏，試論中國古典目錄學在明代的發展〔J〕，晉圖學刊，2000.02。

23. 馮培樹、高薇，殷仲春與《醫藏書目》〔J〕，山東圖書館季刊，1999 年第 2 期。

24. 高金霞，《少室山房筆叢》研究〔D〕，濟南：山東大學，2016年。

25. 高舉紅，談我國古代佛經專科目錄學的成就〔J〕，雁北師範學院學報，1996年第2期。

26. 谷文彬、溫慶新，精編細分的「帳簿式」書目：《趙定宇書目》發覆〔J〕，圖書與情報，2015.01。

27. 官桂銓，明代學者陳第世系考辨〔J〕，文獻，1991年第4期。

28. 郭孟良，明代中原藩府刻書考論〔J〕，學習論壇，2008.06。

29. 何孝榮，葛寅亮與《金陵梵刹志》〔J〕，南開學報（哲學社會科學版），2007年第6期。

30. 何孝榮，葛寅亮生平、著述考述〔J〕，明代杭州研究（下）〔C〕，杭州：杭州出版社，2009.01。

31. 何穎，有關《永樂南藏》論證的考辨〔J〕，圖書館界，2015年第4期。

32. 胡平，我國佛經目錄特點和成就〔J〕，圖書館學刊，1985年第1期。

33. 胡平，《閱藏知津》的目錄學特色〔J〕，雲南圖書館，1984年第4期。

34. 霍桐山，簡介《醫藏書目》〔J〕，河南圖書館學刊，1990年第4期。

35. 姬美華，淺談《隱湖題跋》之研究意義〔J〕，牡丹江大學學報，2015年第10期。

36. 冀淑英，談談明刻本及刻工——附明代中期蘇州地區刻工表〔J〕，文獻，1981.04。

37. 孔毅，《徑山藏》正續藏的刊刻時間及其他〔J〕，文獻，1986年第4期。

38. 來新夏，《常熟藏書首脈望》〔J〕，江蘇地方志，1998年第1期。

39. 雷斌慧，從經部目錄的流變看經學思想的演變：以《漢志》《隋志》《總目》爲例〔J〕，甘肅聯合大學學報（社會科學版），2010年第2期。

40. 李丹，《秘閣書目》作者辨正〔J〕，古典文獻研究，2005年第0期。

41. 李丹，明代私家書目的傳承與開拓〔J〕，古文獻學論壇，2007，第60期。

42. 李丹、武秀成，僞中之僞的明代私家書目——董其昌《玄賞齋書目》辨僞探〔J〕·中國典籍與文化論叢（第九輯）〔C〕，北京：北京大學出版社，2007年。

43. 李琳，《南詞敘錄》研究概述〔J〕，戲劇之家，2016年第11期。

44. 李琳琦、張曉婧，明代安徽書院的數量、分佈特徵及其原因分析〔J〕，華東師範大學學報（教育科學版），2006年第4期。

45. 李斑，陳第和《世善堂藏書目錄》〔J〕，連江文史資料第9、10輯·陳第誕辰四百五十週年紀念會、海峽兩岸陳第學術研討會專輯〔C〕，中國人

民政治協商會議連江縣委員會文史工作委員會，1992.04。

46. 李孝友，淺談明代刊刻的《徑山藏》〔J〕，文獻，1980 年第 2 輯。

47. 李言，《千頃堂書目》新證〔D〕，南京：南京師範大學，2013 年。

48. 李占鵬，《遠山堂曲品劇品》的發現、整理及研究〔J〕，寧夏師範學院學報.2011 年第 5 期。

49. 劉奉文，毛晉與汲古閣研究獻疑〔J〕，大學圖書館學報，1993 年第 1 期。

50. 劉和文，簡論趙用賢學術文獻價值〔J〕，大學圖書情報學刊，2007.12。

51. 劉薔，徐㷆的藏書及其目錄學思想研究〔J〕，第九屆明史國籍學術討論會暨傅衣凌教授誕辰九十週年紀念論文集〔C〕，廈門：廈門大學出版社，2003。

52. 劉全波，論類書的目錄學演變〔J〕，圖書情報工作，2011 年第 23 期。

53. 劉全波，再論類書的目錄學演變〔J〕，圖書館理論與實踐，2013 年第 6 期。

54. 劉仁，《秘閣書目》之《未收書目》考論〔J〕，古典文獻研究，2014 年第 2 期。

55. 劉唯唯，明清綜合性書目中曲學文獻的著錄研究〔D〕，上海：華東師範大學，2013。

56. 劉衛武、劉亮，明代坊間印書成本考〔J〕，圖書館雜誌，2011.03。

57. 劉霞、康亦農，試析明代文淵閣的圖書管理工作及其啓示〔J〕，圖書館工作與研究，2010.03。

58. 魯欣，從「辨章學術，考鏡源流」看中國古典目錄學之功用〔J〕，江西圖書館學刊，2008 年第 1 期。

59. 路林，類書在我國古典目錄學中的地位〔J〕，江蘇圖書館工作，1983 年第 2 期。

60. 呂允在，明人讀書與編著生活〔J〕，藝術學報，2012 年第 2 期。

61. 馬黎明，越中祁氏藏書世家考述〔J〕，圖書館工作與研究，2014 年第 9 期。

62. 馬慶洲，馬愉與「三楊」〔J〕，中華讀書報，2014.05.28。

63. 馬泰來，明季藏書家徐㷆叢考〔J〕，文獻，2010.10。

64. 毛春偉，試論明清《續文獻通考》的史學史意義〔J〕，江西社會科學，2011.01。

65. 孟昭晉，「明代劉向」朱睦㮮〔J〕，圖書館雜誌，1986 年第 2 期。

66. 孟昭晉，有趣的明代《行人司書目》〔J〕，圖書館雜誌，1988 年第 2 期。

67. 米智明，胡應麟文獻學論著校注〔D〕，湘潭：湘潭大學，2011 年。

68. 歐陽楠，晚明南京地區的寺院等級與寺院經濟：以《金陵梵刹志》爲中心的考察〔J〕，世界宗教研究，2012 年第 3 期。

69. 彭鵬，我國聯合目錄工作進展情況和有待解決的問題〔J〕，國家圖書館學刊，1978 年第 2 期。

70. 錢亞新，談談《古今書刻》上編的意義和作用〔J〕，圖書館論壇，1982 年第 1 期。

71. 錢亞新，試論《百川書志》在我國目錄學史上的價值〔J〕，廣東圖書館學刊，1985.01。

72. 單士元，文淵閣〔J〕，故宮博物院院刊，1979.07。

73. 舒習龍，明末宮廷史事研究的力作——《酌中志》評介〔J〕，長江論壇，2007 年第 3 期。

74. 蘇曉君，毛晉與汲古閣刻書考略〔J〕，中國典籍與文化，2006 年第 3 期。

75. 孫曉婷、徐渭，《南詞敍錄》研究綜述〔J〕，戲劇之家，2015 年第 19 期。

76. 孫學堂，《讀書後》與弇州晚年定論〔J〕，南開學報（哲學社會科學版），2000 年第 2 期。

77. 譚小華，重慶市圖書館藏《永樂北藏》源流及版本考〔J〕，重慶師範大學學報（哲學社會科學版），2016 年第 2 期。

78. 萬彩紅，道家地位變遷在古典目錄學上的印證〔J〕，蘭臺世界，2016 年第 10 期。

79. 汪超，明代戲曲中的詞作初探：以毛晉《六十種曲》所收傳奇爲中心〔J〕，中國石油大學學報（社會科學版），2011 年第 5 期。

80. 王長英，明代藏書家、文學家徐𤊹事略考證〔J〕，福建師範大學學報（哲學社會科學版），2001.01。

81. 王承略，試論《文獻通考·經籍考》的著錄依據和著錄方法〔J〕，古籍整理研究論叢，第二輯。

82. 王重民，中國目錄學史料四〔J〕，吉林省圖書館學會會刊，1981 年第 5 期。

83. 王重民，中國目錄學史料十〔J〕，吉林省圖書館學會會刊，1982 年第 5 期。

84. 王國強，「辨章學術考鏡源流」之再判斷〔J〕，圖書與情報，1994.01。

85. 王國強，《紅雨樓書目》研究〔J〕，圖書館學刊，1989.06。

86. 王國強，胡應麟在目錄學史中的地位〔J〕，四川圖書館學報，1986 年第 2 期。

87. 王國強，論《國史經籍志》〔J〕，鄭州大學學報（哲學社會科學版），1998.11。

88. 王國強，明朝文淵閣沿革考〔J〕，河南圖書館學刊，1986.10。

89. 王國強，明代文淵閣藏書考述〔J〕，圖書與情報，2002.02。

90. 王國強，明代目錄學的新成就〔J〕，山東圖書館季刊，1988 年第 4 期。

91. 王國強，中國古代注釋性書目述論〔J〕，鄭州大學學報，2001.05。

92. 王洪軍、顧長海，《古今經傳序略》與《經序錄》比較研究〔J〕，學術交流，2004 年第 5 期。

93. 王歡，中國古代《文獻通考》系列政書目錄研究〔D〕，哈爾濱：黑龍江大學，2014 年。

94. 王嘉川，《經籍會通》編纂考〔J〕，圖書與情報，2003 年第 5 期。

95. 王晉卿，我國佛家目錄工作主要成就〔J〕，圖書館雜誌，1985 年第 3 期。

96. 王素，關於「故宮學」學科建設的初步構想——以北京故宮博物院爲中心（下）〔J〕，故宮學刊，2011.06。

97. 王天然，《笠澤堂書目》撰人小識〔J〕·版本目錄學研究（第 4 輯）〔C〕，北京：北京大學出版社，2013.08。

98. 王維臨，淺論明代國家書目《內閣藏書目錄》〔J〕，河北旅遊職業學院學報，2016 年第 4 期。

99. 王興亞，朱睦㮮藏書及著述〔J〕，河南圖書館學刊，1989.02。

100. 王媛，北京師範大學圖書館藏《歷代經籍考》辨僞〔J〕，圖書館雜誌，2012 年第 11 期。

101. 汪春泓，劉勰與劉穆之——從《異苑》兩條材料談劉勰的幾個問題〔J〕·文學和語言的界面研究〔C〕，天津：南開大學出版社，2008：333。

102. 溫慶新、晁瑮，《寶文堂書目》的編纂特點——兼論明代私家書目視域下的小說觀〔J〕，孝感學院學報，2011.09。

103. 吳波，從《南詞敘錄》看徐渭「華夷」思想下的戲曲批評觀〔J〕，美與時代（下），2015 年第 9 期。

104. 吳士勇，明代內閣制之形成〔D〕，上海：華東師範大學，2004 年。

105. 吳忠匡，明張雋編選，《古今經傳序略》（抄本）題記〔J〕，文獻，1984 年第 20 期。

106. 向燕南，王圻纂著考〔J〕，文獻，1991 年第 4 期。

107. 向志柱，《寶文堂書目》著錄與古代小說研究〔J〕，南京師大學報（社會科學版），2009.05。

108. 肖禹、陳清慧，《古今書刻》續考〔J〕，文獻，2014 年第 6 期。

109. 徐扶明、毛晉與，《六十種曲》〔J〕，中國文學研究，1987 年第 2 期。

110. 徐雁、胡應鱗,《經籍會通》述略〔J〕,文教資料,1986 年第 6 期。

111. 徐有富,論《南雍志‧經籍考》〔J〕,《文獻》季刊,2005 年第 2 期。

112. 徐子方,明雜劇研究文獻三題〔J〕,古籍整理研究學刊,2007 年第 5 期。

113. 許林如,三楊與明初政治〔D〕,太原:山西大學,2007 年。

114. 閆俊俠,論《明史‧兵志》的價值〔J〕,信陽師範學院學報(哲學社會科學版),2005.12。

115. 閻現章,論明代胡應鱗《經籍會通》的編輯學術特色〔J〕‧第十三屆明史國際學術研討會論文集〔C〕,長沙:湖南人民出版社,2011 年。

116. 楊豔秋,明代目錄著作中的史部分類〔J〕,中國典籍與文化,2006 年。

117. 楊玉良、邢順嶺,《嘉興藏》整理記〔J〕,文獻,1984 年第 19 期。

118. 楊之峰、智旭,《閱藏知津》勸佛經目錄的改革〔J〕,圖書情報工作,2009 年第 1 期。

119. 業露華,密藏道開與《嘉興藏》〔J〕,五臺山研究,1991 年第 2 期。

120. 于東新,談毛晉《宋六十名家詞》的文獻編纂:讀《四庫全書總目‧詞曲類》〔J〕,內蒙古民族大學學報(社會科學版),2008 年第 5 期。

121. 岳淑珍,毛晉出版思想論略〔J〕,中國出版,2012 年第 6 期。

122. 張長華,《笠澤堂書目》跋〔J〕,津圖學刊,1987 年第 3 期。

123. 張雷,《會稽鈕氏世學樓珍藏圖書目》辨僞〔J〕,《古籍研究》,1995 年第 4 期。

124. 張雷,《笠澤堂書目》的「發現」及其價值〔J〕,圖書與情報,1999.01。

125. 張雷、李豔秋,明代私家藏書目錄考略〔J〕,書目季刊,1998.04。

126. 張昇,明代內府抄書初探〔J〕,圖書館雜誌,2003.05。

127. 張昇,明文淵閣考〔J〕,故宮博物院院刊,2002.05。

128. 張昇,《文淵閣書目》考〔J〕,慶祝北京師範大學一百週年校慶歷史系論文集‧史學論衡(上)〔C〕,北京:北京師範大學出版社,2002 年。

129. 張昇,《永樂大典》正本的流傳〔J〕,《圖書館建設》,2003.01。

130. 張曉麗、殷仲春,《醫藏書目》的目錄文獻學價值初探〔J〕,南京中醫藥大學學報(社會科學版),2010 年第 1 期。

131. 張志合,《錄鬼簿續編》作者考辨〔J〕,鄭州大學學報(哲學社會科學版),1988 年第 6 期。

132. 趙海麗,略論《文淵閣書目》的特色與價值〔J〕,圖書館建設,2000 年第 5 期。

133. 趙榮蔚,論《汲古閣書跋》的文化意蘊〔J〕,圖書館工作與研究,2014 年第 4 期。

134. 趙永紀，王世貞的文學批評〔J〕，蘇州大學學報（哲學社會科學版），1984年第 4 期。

135. 鄭豔宏，《經籍會通》研究〔D〕，石家莊：河北師範大學，2007 年。

136. 鄭志良，關於《南詞敘錄》的版本問題〔J〕，戲曲研究，2010 年第 1 期。

137. 鍾向群，《文獻通考・經籍考》的文獻價值和學術價值〔D〕，合肥：安徽大學，2006 年。

138. 周珊、王圻，《稗史彙編》初探〔D〕，濟南：山東大學，2012 年。

139. 莊琳芳，陳第及其世善堂藏書〔D〕，福州：福建師範大學，2008 年。

致　謝

　　相對於宋代書目的優雅、超拔，清代書目的磅礴、厚重，明代的書目更像是一位夭桃少女。她有著一張六月的娃娃臉，顧盼生嗔，嬌憨惜力，然又冰雪靈動，翩若驚鴻。

　　想要認識這樣的一位姑娘，需要足夠的睿智去發現，足夠的深刻去瞭解，足夠的包容去欣賞。而我，只是一位懵懂行路的探索者。囿於學養、閱歷之限，只能橫下一條心，採取摸象大法，從指尖髮絲開始，從裙裾衣袂聊起，試圖與她進行友好而誠懇的圓桌會議。孰料落花有意，流水調皮。這位姑娘雖答應得爽快，卻時而半遮桃面，時而左顧言他，直把講定的談話邏輯扯得七零八落，引得在下一度東突西補，甚為狼狽。

　　好在，我不是一個人在奮鬥。下面，我要認真宣讀一份長長的感謝名單。正是基於各位師友、家人的關愛、扶持與無私幫助，我才能一次一次將這位姑娘捉回談判桌前，並最終完成了這份研究論文。

　　首先要感謝的，是我的博士導師杜澤遜教授。四年之前承蒙不棄，將懵懂愚鈍的我收入門下。四年之間，您從一字一劃的細微之處開始，手把手地帶領我做項目，無比耐心地指導我寫文章，一點一滴地引導我探索學術的廣袤天空。入門之前，只道您是淵博的學者；入門之後，方知您更是極好的老師。您嚴謹細密的治學態度，大氣周詳的學術思維，英雄主義般的學術追求，以及海納百川、縱橫捭闔而邏輯嚴謹的授課藝術，都在我心中留下了深刻的印記，並將伴隨我走過今後的學術人生。遇到您，追隨您，實為學生一生之幸。

感謝我的師母程遠芬教授。師母待我亦師亦母，不僅在學術上給予我及時的指導，更在生活中對我體貼關愛，包容我的孩子氣，爲我答疑解惑。師母是大氣、周詳而嚴謹的，是我極願親近、心嚮往之的女性。

感謝鄭傑文、王承略、何朝暉、劉心明諸位教授對我的諄諄教誨與眞切關愛。諸位先生不僅在學術上毫不吝嗇地授我知識，更在我人生的關鍵階段多次直言指點、慨然相助。雨露之恩，終生難忘。

感謝校經處的同仁——徐泳老師、江曦師兄、周錄祥師兄、邵妍師姐、王曉靜師姐、孫齊師兄、何燦師姐、趙晨師姐、韓悅、李振聚、沈暢、姚文昌、劉曉、王寧等學友：非常榮幸與大家相識、同窗共讀；非常感謝各位在四年中對我的悉心照顧與包容；非常感謝各位在我的工作、學業中提供的無私幫助與指導。繁枝茂節，無法細表，卻都實實在在地存於心中，點滴不忍去懷。

感謝我的同學、朋友——李才朝、王珂、鄭彬、韓李良、張雲、蘇金俠、劉溪、孫怡、李想、張熙晗諸位：感謝各位進入我的生活，與我互相鼓勵，攜手走過人生的轉型期。四年之間，我們見證了彼此的成長，共享了經受挫折的痛苦與獲得成功的喜悅。這是極其珍貴的緣分，願我們共同珍惜。在此，需要特別感謝國家圖書館的張瑋老師與馬學良師兄。今年初，我的論文寫作正處於緊張的修訂定稿階段。機緣巧合，得知張瑋老師研究祁承㸁的大作《祁承㸁藏書及文獻學思想研究》一書剛剛出版、尚未上市。情急之下，我冒昧向在國圖工作的馬學良師兄求助。通過師兄牽線，張瑋老師將其著作慷慨贈予我一本，供我參考學習。感激之忱，匪可言諭！此外，尚有復旦學友及身邊的多位老師、學友在我搜集資料的時候給予過重要的幫助，茲不一一列舉。感謝各位的眞誠相助，願無私的學術精神星火燎原。

感謝我的家人。感謝我的四位父母：感謝你們給予我生命，同時給予我堅韌的性格；感謝你們的無限包容，令我至今仍可保有赤子之心；感謝你們的無私奉獻，給予我最大的舞臺，令我沒有後顧之憂，可以肆意設計自己的人生。感謝我的愛人程開元，你是最適合我的伴侶，很高興與你攜手同行。感謝我的女兒程嘉歆，感謝你對我滿滿的愛與信任，感謝你的健康、你的獨立、你的快樂，我願與你共同成長。

最後，必須感謝我的碩士導師李士彪教授。是您爲我打開了新世界的大門，引導我踏入文獻學的領土，並以您的善良、博學、剛毅、果決，一次一次將我從迷茫中喚醒，重新樂觀地面對。

　　四年光陰，白駒過隙。興奮過、迷茫過、期待過，但更多的，是平靜的生活、工作、學習，日復一日，靜美悠長。我學會了面對人生中的不完美，學會了面對世界上的無可奈何，也學會了更加堅定、更加溫和地追尋心中的光明。

孫蘊　於煙臺

2017 年 5 月 12 日